T0129719

# essentials

*essentials* liefern aktuelles Wissen in konzentrierter Form. Die Essenz dessen, worauf es als „State-of-the-Art" in der gegenwärtigen Fachdiskussion oder in der Praxis ankommt. *essentials* informieren schnell, unkompliziert und verständlich

- als Einführung in ein aktuelles Thema aus Ihrem Fachgebiet
- als Einstieg in ein für Sie noch unbekanntes Themenfeld
- als Einblick, um zum Thema mitreden zu können

Die Bücher in elektronischer und gedruckter Form bringen das Fachwissen von Springerautor*innen kompakt zur Darstellung. Sie sind besonders für die Nutzung als eBook auf Tablet-PCs, eBook-Readern und Smartphones geeignet. *essentials* sind Wissensbausteine aus den Wirtschafts-, Sozial- und Geisteswissenschaften, aus Technik und Naturwissenschaften sowie aus Medizin, Psychologie und Gesundheitsberufen. Von renommierten Autor*innen aller Springer-Verlagsmarken.

Weitere Bände in der Reihe http://www.springer.com/series/13088

Florian C. Kleemann · Ronja Frühbeis

# Resiliente Lieferketten in der VUCA-Welt

## Supply Chain Management für Corona, Brexit & Co.

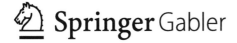

Springer Gabler

Florian C. Kleemann
Hochschule für Angewandte
Wissenschaften München
München, Deutschland

Ronja Frühbeis
Hochschule für Angewandte
Wissenschaften München
München, Deutschland

ISSN 2197-6708    ISSN 2197-6716  (electronic)
essentials
ISBN 978-3-658-34336-1    ISBN 978-3-658-34337-8  (eBook)
https://doi.org/10.1007/978-3-658-34337-8

Die Deutsche Nationalbibliothek verzeichnet diese Publikation in der Deutschen Nationalbiblio-
grafie; detaillierte bibliografische Daten sind im Internet über http://dnb.d-nb.de abrufbar.

Planung/Lektorat: Susanne Kramer
Springer Gabler ist ein Imprint der eingetragenen Gesellschaft Springer Fachmedien Wiesbaden
GmbH und ist ein Teil von Springer Nature.
Die Anschrift der Gesellschaft ist: Abraham-Lincoln-Str. 46, 65189 Wiesbaden, Germany

# Was Sie in diesem *essential* finden können

- Kompakte Herleitung zum Top-Thema Resilienz mit Fokus auf Einkauf, Produktion und Logistik
- Strukturierte Analysen zu zentralen, disruptiven Krisen mit Auswirkungen auf globale Lieferketten
- Triple R-Modell als Managementkonzeption zur systematischen Integration von Resilienz, Nachhaltigkeit, Agilität mit den Supply-Chain-Funktionen

# Vorwort

Wie viele, traf uns die Corona-Krise im Frühjahr 2020 weitgehend unerwartet. Erste Meldungen über Infektionen kursierten zwar schon länger. Doch plötzlich abgesagte Veranstaltungen, aufkommende Vorbehalte, sich privat oder beruflich zu treffen sowie erkennbare Versorgungsengpässe bei Alltagsgütern (Toilettenpapier, Nudeln, Lebensmittelkonserven) ließen langsam das Bewusstsein aufkommen, dass ein gewaltiger Sturm aufzieht. Mittendrin: das Supply Chain Management.

Trotz aller menschlicher Betroffenheit über die folgenden Ereignisse beschäftigten uns die Auswirkungen auch aus fachlicher Sicht. Versorgungsengpässe einerseits, massive Überkapazitäten andererseits, Produktionsstillstände, kollabierende Lieferanten … Nach dem Abflauen des ersten „Hamster-Runs" auf besagte Alltagsgüter folgte der berühmte „Bullwhip-Effekt" mit plötzlich übervollen Regalen. All diese Ereignisse unterstreichen die zentrale Bedeutung funktionierender Lieferketten und zeigten nahezu „klassische" Probleme des Wertschöpfungsmanagements.

So entstand noch während des ersten „Lockdowns" die Idee zu diesem Essential. Einer vertiefenden Analyse zu Resilienz in Supply-Chain-Krisen folgte die Erkenntnis, dass in den letzten Jahren der zunehmende Protektionismus, gipfelnd im „Brexit", sowie seit 2019 vor allem der Klimawandel Unternehmen aus Wertschöpfungssicht vor oftmals völlig neue Herausforderungen stellen. Herausgekommen ist (hoffentlich) ein Buch, das einen durchdachten, sinnvoll abgestuften Umgang mit den Folgen der betrachteten, aber auch zukünftiger Krisen für Supply Chain Manager aller Branchen und Teilfunktionen erleichtert.

Dafür, dass mit diesem Essential ein so brisantes wie aktuelles Thema erfolgreich bearbeitet werden konnte, möchte ich, Florian C. Kleemann, einer

Reihe von Personen danken: meinen Freunden Michael Hoelscher sowie Marcel Huber für die Unterstützung bei der Umsetzung dieses Vorhabens. Weiterhin Marion Winter für die Schaffung unverzichtbarer kreativer Rahmenbedingungen für den Schreibprozess, die eine Fokussierung in diesen turbulenten Zeiten erst ermöglichten.

Für ihre Unterstützung und ein ewig offenes Ohr, auch außerhalb dieses Essentials, danke ich, Ronja Frühbeis, meinen Freunden Anna Müller, Maike Schiedermaier und Alexander Malchow. Ganz besonders bedanke ich mich bei meinem Freund und Mentor Bobby und meiner wunderbaren Familie, Carola, Xaver und Lisa, für die andauernde Motivation.

Unser gemeinsamer Dank gilt den MitarbeiterInnen des Springer Verlags sowie allen ExpertInnen der Praxis für die Unterstützung der vorliegenden Publikation.

München                                              Florian C. Kleemann
Luizhausen und Deisenhofen                                Ronja Frühbeis
im Frühjahr 2021

# Inhaltsverzeichnis

# Einleitung: Resilienz in Lieferketten 1

„Klimawandel könnte Weltwirtschaft ruinieren" … „Coronakrise macht Lieferketten zu Lieferpuzzles" … „Brexit und die Folgen: Logistik-Chaos an der Grenze" – aktuelle Schlagzeilen, die zweierlei belegen. Zum einen: Wo Verbraucher sich seit Jahrzehnten an wie selbstverständlich volle Regale gewöhnt haben, sind die Aufgaben des Supply Chain Managements (SCM) krisenbedingt im Fokus einer breiten Öffentlichkeit angekommen (Schlautmann, 2020). Zum anderen lässt sich nun die (zu?) oft beschworene zunehmende Komplexität des Wirtschaftslebens tatsächlich greifen (Sthapit, 2020).

Dieses Phänomen wird mit dem Begriff der „VUCA-Welt" ausgedrückt: Volatilität, Unsicherheit, Komplexität („Complexity") und Mehrdeutigkeit („Ambiguität") als vermeintliche Einflussgrößen einer neuen Realität. Lange jedoch konnte man „VUCA" als Hype abtun, zumal zunehmende Komplexität in Wirtschaft und Gesellschaft schon seit Jahrzehnten propagiert wird (Mack et al., 2016).

Doch spätestens die Entwicklungen der „Corona-Krise" mit noch nie dagewesenen Einbrüchen und Einschränkungen zeigen deutlich: Schwankende Nachfrage, unvorhergesehene politische Entscheidungen und immer vielfältigere Kundenanforderungen machen langfristige Planungen fast unmöglich. Die Wertschöpfungsfunktionen (Einkauf, Produktion, Logistik), seit jeher im Zwiespalt zwischen (planbarer) Effizienz und Kundenzufriedenheit, sind hiervon vollumfänglich betroffen: Einerseits muss kurzfristig mit Veränderungen umgegangen werden können, selbst wenn dies nicht den Standardabläufen entspricht. Andererseits muss die Organisation Schwankungen und Unsicherheit absorbieren können, ohne dass kurzfristige Störungen (z. B. Ausfall *eines* Lieferanten) allzu große Auswirkungen haben (z. B. weltweiter Produktionsstopp; Ivanov & Dolgui, 2020).

F. C. Kleemann und R. Frühbeis, *Resiliente Lieferketten in der VUCA-Welt*, essentials, https://doi.org/10.1007/978-3-658-34337-8_1

In diesem Zusammenhang hat das ursprünglich aus der Psychologie stammende Konstrukt der *Resilienz* im Supply Chain Management erhebliche Aufmerksamkeit erfahren. Es verbindet eine kurzfristig organisatorische Anpassungsfähigkeit im Sinne der „Agilität" mit den Zielen der Stabilität, bzw. erweitert diese auf Nachhaltigkeit. Damit bildet die Resilienz den zentralen neuen Wert für Unternehmen, die eingebettet in internationale Lieferketten in der Unvorhersehbarkeit der VUCA-Welt agieren müssen (Böhnke et al., 2017). Das gilt, obschon neuerdings „VUCA" durch das neue „BANI"-Konzept, einer brüchigen, ängstlichen, nicht-linearen und unbegreiflichen („incomprehensible") Welt, abgelöst werden könnte (Buckel, 2021).

Unabhängig von diesen etwas „wolkigen", Konzepten: Krisenphänomene wie die Corona-Pandemie, politische Veränderungen wie der „Brexit" oder allgemeiner der Klimawandel, lassen die Implikationen für Supply Chain Manager durchaus greifbar werden: Liefer- oder Transportengpässe, erhöhte Ausfallrisiken, unvorhersehbare Nachfrageschwankungen oder eine Abkehr von internationalen Wertschöpfungsstrukturen zeigen drängende Fragen zur zukünftigen Gestaltung der Lieferketten (Rupprecht, 2020).

Genau hier setzt dieses Buch an. Am Beispiel dreier exemplarischer „VUCA"-Krisen (Klimawandel, Brexit und Corona-Pandemie) werden entstehende Probleme für die Kernfunktionen der Supply Chain (Einkauf, Produktion und Logistik) entsprechenden Lösungsansätzen gegenübergestellt. Ziel ist die Überführung in eine resilienzorientierte Managementkonzeption. Diese soll krisenunabhängige Gestaltungsansätze für Wertschöpfungsketten bereitstellen. Damit ist allerdings kein Anspruch auf Vollständigkeit verbunden – weder können alle bisherigen oder zukünftigen Szenarien erfasst werden, noch sämtliche hierzu passenden Einzelmaßnahmen.

Einem primär deduktiv geprägten, mit empirischen Erkenntnissen punktuell ergänzten, Ansatz folgend, werden hierzu in Kap. 2 zunächst die zentralen Konzepte und Modelle (wie SCM und Resilienz) erarbeitet. Kap. 3 behandelt dann die vorgenannten exemplarischen „VUCA-Krisen" samt deren Kernfolgen. In Kap. 4 werden konkrete Lösungsansätze für die SCM-Kernfunktionen Einkauf, Produktion und Logistik unter der Maßgabe derer Resilienz überprüft, strukturiert und im „Triple R"-Managementmodell systematisiert. Eine Schlussbetrachtung samt Ausblick schließt in Kap. 5 dieses Esssential ab.

# Grundlagen von Resilienz und Supply Chain Management

2

## 2.1 Grundverständnis von Resilienz und Nachhaltigkeit

Ursprünglich beschrieben in der psychologischen Forschung, übernommen in die Ingenieurswissenschaften, beschäftigt sich die Betriebswirtschaft erst seit Mitte der 2000er Jahre mit der Resilienz (lat. abprallen). Sie beschreibt den Umgang eines Systems mit exogenen Störfaktoren und der anschließenden Rückkehr in einen Ausgangszustand (Thun-Hohenstein et al., 2020). Je weniger stark sich die Störeinflüsse auswirkten, desto *resilienter* sei eine Person. Ein Werkstoff wiederum wäre resilient, wenn er sich z. B. nach einem Stoß verformt, dann aber wieder in die Ausgangsform zurückstrebt. Damit sind die eingangs angedeuteten Kernelemente bereits zu erkennen: Die Verformung repräsentiert Flexibilität und *Agilität,* die Neu- bzw. Rückformierung die Stabilität bzw. *Robustheit.* Jeder Wert für sich genommen wäre nicht ausreichend: Ohne Flexibilität keine Verformung, ohne Robustheit keine Rückkehr zum Ausgangszustand, sondern Überreizen des Systems und dauerhafte Veränderung, z. B. Materialbruch. Somit kann Resilienz als Widerstandsfähigkeit durch Anpassungsfähigkeit verstanden werden (Ritz et al., 2016) (Abb. 2.1).

Ein weiterer zentraler Anwendungsbereich des Verständnisses liegt in der Nachhaltigkeitsforschung. Deren Bestreben ist es, komplexe Systeme (z. B. Ökologien, Gesellschaften und Volkswirtschaften) *dauerhaft* zu erhalten. Prägend ist das Bestreben, soziale, wirtschaftliche und umweltbezogene Ziele in Einklang zu bringen, ohne das Gesamtsystem einseitig zu belasten oder gar zu zerstören. Einfacher gesagt, ist ein dauerhafter, nachhaltiger Systemerhalt das Ziel (Robustheit), während Resilienz eine zentrale Strategie dorthin beschreibt (mittels Anpassungsfähigkeit; Fathi, 2019).

F. C. Kleemann und R. Frühbeis, *Resiliente Lieferketten in der VUCA-Welt,* essentials, https://doi.org/10.1007/978-3-658-34337-8_2

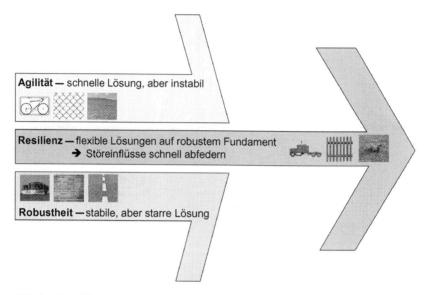

**Agilität** — schnelle Lösung, aber instabil

**Resilienz** — flexible Lösungen auf robustem Fundament
➔ Störeinflüsse schnell abfedern

**Robustheit** — stabile, aber starre Lösung

**Abb. 2.1** Begriffsabgrenzung von Resilienz

Überträgt man diese Denkweise auf Unternehmen, so wird die Relevanz schnell klar: Eine einseitige Ausrichtung auf die Gewinnmaximierung tendiert dazu, ökologische und soziale Folgen auszublenden. Allzu große Beeinträchtigungen menschlicher und/ oder sozialer Parameter führen allerdings dazu, dass Ressourcen knapp oder potentielle Kunden beeinträchtigt werden – und wiederum die Gewinnerzielung erschweren (Hauff, 2014). Als Beispiel sei die Umweltverschmutzung in Chinas Hauptstadt Peking genannt: Verursacht durch kurzfristige Gewinnorientierung (z. B. durch günstige Energie aus fossilen Brennstoffen), schadet diese nun den Bewohnern (und potentiellen Kunden) gesundheitlich, der Umwelt sichtbar durch Smog, Verwüstung etc.

Hieraus wird klar, warum Unternehmen – auch durch ihre zentralen Funktionen – im Streben nach mehr Nachhaltigkeit auch der Resilienz stärker Aufmerksamkeit schenken (sollten). Gerade den im Supply Chain Management (SCM) zusammengefassten Wertschöpfungsfunktionen kommt hier eine zentrale Rolle zu. Im folgenden Abschnitt erfolgt zunächst eine allgemeine Betrachtung von SCM, bevor die Zusammenhänge zu Nachhaltigkeit und Resilienz herausgearbeitet werden.

## 2.2 Kernaspekte des Supply Chain Managements

Der Begriff Supply Chain Management wird seit den 1990er Jahren verwendet. Obwohl ein einheitliches Verständnis nie etabliert wurde, lassen sich drei wiederkehrende Elemente identifizieren (Mentzer et al., 2001):

- Betrachtung von Material-, Informations- und Wertflüssen
- Fokus auf die Wertschöpfungsfunktionen Einkauf, Produktion und Logistik
- Unternehmensübergreifende Perspektive und Optimierung

Ziel der Konzeption ist eine effizientere und effektivere Versorgung von (End-)Kunden, z. B. mittels Kostensenkung aufgrund gesenkter Pufferbestände oder besseren Informationsaustauschs für eine erhöhte Lieferfähigkeit. Besondere Herausforderung ist hierbei eine unternehmensübergreifend abgestimmte Wertschöpfungsstrategie: Innerhalb der Supply Chain sind typischerweise Unternehmen verschiedener Branchen vertreten (Nag et al., 2014).

Um trotz der Heterogenität innerhalb der Lieferkette eine einheitliche Betrachtung zu erleichtern, wurde durch das „Supply Chain Council" schon früh ein Rahmenwerk entwickelt: das bis heute genutzte SCOR-Modell (Supply Chain Operations Reference). Es differenziert im Wesentlichen nach den SCM-Kernfunktionen „Source/Beschaffen", „Make/Produzieren", „Deliver/Ausliefern" sowie „Return/Rückführen" (Huan et al., 2004). Die Prozesse dieser Funktionen werden weiterhin über mehrere Ebenen detailliert – angelehnt an die gängigen zeitlichen Management-Planungsperspektiven „Strategie", „Taktik" und „Operative" (Karrer, 2006).

Für die Betrachtung im Zusammenhang mit Resilienz und VUCA-Einflüssen wird in der Folge eine Adaption vorgenommen, um eine strukturierte Betrachtung zu erleichtern. Die Kernfunktionen werden, angelehnt an die gängige organisatorische Differenzierung, in Einkauf, Produktion und Logistik unterteilt. Der Bereich „Rückführen" wird der Logistik zugeordnet (Abb. 2.2).

Im Laufe der Zeit hat sich der Grundgedanke des SCM weiterentwickelt. So ist unter anderem das Feld des „Supply Chain Risk Managements" entstanden. Nach diesem sollten Risiken entlang der Wertschöpfungskette durch die beteiligten Unternehmen identifiziert, analysiert, bewertet und gemeinsam adressiert werden. Ziel ist die Sicherung des jeweiligen unternehmerischen Erfolgs, indem gegebenenfalls zusammen Maßnahmen ergriffen bzw. Anpassungen vorgenommen werden (Rao & Goldsby, 2009). Hieraus wiederum wird der enge Bezug zwischen Resilienz, Risikomanagement und Nachhaltigkeit (in Supply Chains) erkennbar: die Anpassung(sfähigkeit) eines Systems (der Lieferkette) für dessen

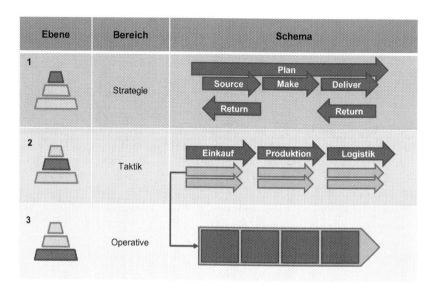

**Abb. 2.2**  Adaptiertes SCOR-Modell (mit Bezügen zu Huan et al., 2004)

nachhaltige Stabilisierung bzw. Erfolgssicherung (Waters, 2011). Wenig überraschend hat dieser Zusammenhang für erhebliches (Forschungs-)Interesse gesorgt. Dies wird im nächsten Abschnitt genauer betrachtet.

## 2.3    Resilienz in Lieferketten

Eine der Grundideen des Supply Chain Managements ist die Steigerung der Leistungsfähigkeit betrachteter Unternehmen. Sich gemeinsam auf Risiken vorzubereiten bzw. Störungen abzufangen, ist ein impliziter Bestandteil. Mitte der 2000er Jahre wurde dieser Zusammenhang erstmals unter der Begrifflichkeit „Resilienz" betrachtet (Sheffi & Rice, 2005). Seitdem folgten zahlreiche Untersuchungen dazu, welche Ursache-Wirkungszusammenhänge zwischen Störungsereignissen, Gegenmaßnahmen bzw. Erfolgsfaktoren sowie der Wettbewerbsfähigkeit von Unternehmen bestehen.

Von besonders hoher Resilienz sind demnach Wertschöpfungsnetzwerke, die die zwei Eckpfeiler des Konzeptes kombinieren (Biedermann, 2018):

- **Agilität** als Kernwert eines reaktiven Ansatzes, der eine schnelle Anpassung an auftretende Störungen ermöglicht. Dazu gehören im SCM Erfolgsfaktoren wie Flexibilität, Notfallkonzepte, Reaktionsfähigkeit und -geschwindigkeit sowie die Transparenz bzw. Verfügbarkeit von Informationen.
- **Robustheit** in Strukturen und Prozessen, um auftretende Störungen, z. B. durch Risikostreuung, besser abzufangen. Hierzu werden u. a. Kollaborationsgrad, fähige MitarbeiterInnen, gegebenenfalls redundantes Supply Chain Design, Einplanung von Puffern in Bestand und Transportkapazität sowie Vorhalten leistungsfähiger Logistik- bzw. IT-Ressourcen genutzt.

Die Orientierung an „auftretenden Störungen" bzw. Reaktivität darf dabei über eines nicht hinwegtäuschen: Beide Faktoren bedürfen (weit) vor Störungseintritt entsprechender Maßnahmen, um die gewünschte Agilität und/oder Robustheit zu erreichen. Resilienz als kurzfristig-reaktiven Ansatz für das SCM einzuordnen wäre falsch. Vielmehr geht es darum, durch rechtzeitige Vorbereitung und Ausrichtung der relevanten Beteiligten bzw. deren Strukturen, Prozesse und Ressourcen, Störereignisse besser zu überstehen. Damit wohnt dem Ansatz eine bewusste Kombination operativ-kurzfristiger, strategisch-langfristiger und ggf. mittelfristig-taktischer Elemente inne.

Wie generell beim Risikomanagement, ist es je nach Branche und Unternehmemskultur unterschiedlich wichtig, sich mit dem Konzept zu befassen. Zudem bedingen resilienzorientierte Maßnahmen initial oft höhere Aufwände, denen wenn überhaupt nur im Störungsfall Nutzwerte gegenüberstehen. Dabei wird allzu gerne übersehen, dass Störungen ohne die resilienzsteigernden Maßnahmen viel schlimmer ausgefallen wären (Repenning & Sterman, 2001). Ein weiterer Kritikpunkt an den Forschungsergebnissen zu Supply Chain Resilienz ist deren (vermeintliche) Reaktivität. So lagen für die globale Finanzkrise ab 2007 erst im Jahr 2011 belastbare Publikationen vor (Jüttner & Maklan, 2011). Zwei Dinge sollten jedoch nicht vergessen werden: Einerseits, dass Resilienz Störungsvorbereitungsmaßnahmen vorsieht, diese aber nicht prognostiziert. Andererseits, dass die zunehmenden Unwägbarkeiten einer VUCA-Welt sowohl die Prognose selbst erschweren und aufgrund der zunehmenden wirtschaftlichen Verflechtung und Komplexität, eine einheitliche Antwort schlicht nicht möglich ist (Hutchins, 2018). Einfacher gesagt: Niemand weiß, wann und wie die nächste Krise „zuschlägt" – daran ändert auch Resilienz nichts.

Daraus jedoch abzuleiten, das Konzept sei für Lieferketten irrelevant, ist sicher ein Trugschluss. Daher wird in den folgenden Kapiteln durch übergreifende Betrachtung verschiedener kürzlicher Krisen eine generelle Leitlinie und ein

Methodenkasten zur funktionsbezogenen und dennoch Supply-Chain-orientierten Stärkung der Resilienz entwickelt.

**Übersicht**

- Supply Chain Management als unternehmensübergreifende Netzwerk-Betrachtung von Wert-, Material- und Informationsflüssen, vor allem in den Bereichen Einkauf, Produktion und Logistik
- SCOR-Modell als Strukturrahmen, zur Optimierung einzelner Prozessschritte der jeweiligen Teilbereiche
- Resilienz als integrierender Ansatz von Agilität und Robustheit gegen (unvorhersehbare) Veränderungen

# Supply-Chain-Disruptionen in der VUCA-Welt

**3**

## 3.1 Klimawandel

Ein Top-Thema des Jahres 2019 war mit Sicherheit die gesellschaftlich-politische Auseinandersetzung mit der langfristigen Veränderung des weltweiten Klimas und den Folgen menschlich-industriellen Handelns auf Natur und Umwelt. Die Debatte darum, welcher Anteil an messbaren Veränderungen des Klimas menschengemacht ist, soll an dieser Stelle nicht fortgeführt werden. Vielmehr sollen die Folgen der Klimaveränderung (zunehmende Erderwärmung, Abschmelzen von Gletschern und Polen sowie in Folge Zunahme von Unwettern, Hochwasser oder Dürren) auf das Supply Chain Management beleuchtet werden (Meitinger, 2020).

Dass vorgenannte Entwicklungen Auswirkung auf Wertschöpfungs- und Logistikprozesse haben, liegt nahe. Es ist zudem empirisch belegt. So lassen sich 70 % der industriellen Katastrophenschäden auf exogene Ereignisse und darauffolgende Betriebsunterbrechungen zurückführen (Lühr et al., 2014). Die globale Verflechtung internationaler Lieferketten erhöht zudem die Wahrscheinlichkeit für Unternehmen, von regionalen Ereignissen betroffen zu sein: Wer weltweit (gegebenenfalls indirekt) präsent ist, wird von globalen Phänomenen auch häufiger getroffen.

Die Folgen für Wertschöpfungsfunktionen sind dabei ebenso vielfältig wie komplex. Für Einkauf und Beschaffung gelten u. a. als Auswirkungen des Klimawandels:[1]

---

[1] Zit. nach Kleemann und Frühbeis (2021), mit vollständigen Quellnachweisen.

F. C. Kleemann und R. Frühbeis, *Resiliente Lieferketten in der VUCA-Welt*, essentials, https://doi.org/10.1007/978-3-658-34337-8_3

- Knappheit von Rohstoffen bzw. Vorprodukten: gänzlich, durch Aussterben bestimmter Tier- und Pflanzenarten oder temporär, z. B. zunehmende Schwankungen bei Agrarernten
- Zerstörung von Produktionsgebieten und/oder Ausfall von (Vor-)Lieferanten, bspw. infolge von Überschwemmungen
- Preisschwankungen und Preisanstiege, gegebenenfalls durch Ausweichen auf Alternativmaterialien
- Qualitätsminderungen, auch bedingt durch (erschwerten) Transport
- Anstieg von Beschaffungskosten durch erhöhte Transportkosten im Global Sourcing (siehe auch Logistik)

In der Produktion können weiterhin nachstehende Folgen des Klimawandels entstehen:

- Unterbrechungen durch unsichere Energie- und Wasserversorgung
- Erhöhtes Ausfallrisiko von Produktionsanlagen bei Ansiedelung in z. B. Überschwemmungsgebieten
- Notwendigkeit der Umgestaltung von Produktionsstätten durch erhöhte Temperaturen (z. B. Klimatisierung)
- Unsicherheiten in der Produktionsversorgung durch anfälligere Lieferketten (z. B. Erschwerung von Just-in-time-Produktion)

Als besonders gravierend bzw. weitreichend können die Auswirkungen im Logistikumfeld angesehen werden, u. a.:

- Stark erhöhtes Störungsrisiko bisher durchgängiger (internationaler) Transportrouten
- Auswirkungen auf alle wesentlichen Transportmodi (z. B. Streckenausfälle, Überschwemmungen, Wind- und Meeresturbulenzen)
- Starke Schwankungen der Transportpreise und -auslastung
- Erhöhtes Verbraucherinteresse an den ökologischen Auswirkungen von Produkten und Transporten (z. B. „Carbon Footprint")
- Eröffnung neuer Routenoptionen (z. B. durch die Polarmeere wie Nordwest-Passage (Kleemann, 2017))

Neben all diesen einzeln dargestellten Problemen bedingt vor allem deren Kombination in der ganzheitlichen Supply-Chain-Perspektive erhebliche Herausforderungen. Zwar fehlt dem Klimawandel aufgrund seiner eher langfristigen Prägung und dem stark verzögerten Ursache-Wirkungs-Mechanismus das „akute"

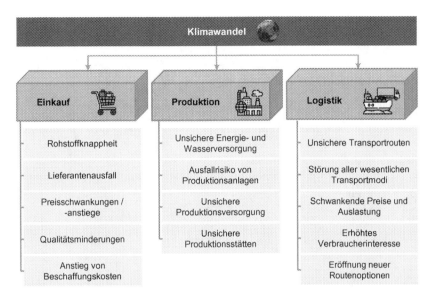

**Abb. 3.1** SCM-Auswirkungen des Klimawandels

einer Krise. Andererseits hat das schnelle Aufkommen der „Fridays for Future" und anderer Bewegungen von Klimaschützern gezeigt, wie kurzfristig sich die öffentliche (Verbraucher-)Meinung wandeln und Unternehmen in Rechtfertigungszwang bezüglich Ihrer Wertschöpfungskonzepte bringen kann (Staud, 2017) (Abb. 3.1).

Weiterhin bedeutet eine VUCA-Welt nicht, dass es sich lediglich um kurzfristige Krisen handeln muss, sondern eher um schwer greifbare Problemfelder. So zeigt der Klimawandel die Volatilität: Vom Thema „Nummer 1" 2019 hat es sich vor dem Hintergrund der Corona-Krise zumindest in der öffentlichen Wahrnehmung zwischenzeitlich etwas entschärft (Engel & Krishnan, 2020). Relevant bleiben wird es trotzdem. Das Auftreten von Einzelvorfällen und die weitere Entwicklung unterliegen dabei hoher Unsicherheit und starken Schwankungen. Die verschiedenen politischen, gesellschaftlichen, wirtschaftlichen und ökologischen Zusammenhänge bedingen zudem hohe Komplexität (Complexity). Hierbei treffen unterschiedliche Strömungen, auch Verbrauchererwartungen, aufeinander. Dies kann als Beleg für die Ambiguität (Mehrdeutigkeit) aufgefasst werden.

Selbst wenn der Klimawandel dabei eine eher langfristige Perspektive bedingt, bedeutet dies aus dem Blickwinkel der Resilienz keinen geringeren Handlungsbedarf. Während sich der Klimawandel eher langfristig zeigt, sind die kurzfristigen Probleme durch die Häufung von Einzelfällen (z. B. Dürren, Überschwemmungen, Stürme) typische Fälle von Störungen. Diese erfordern umso mehr agile Anpassungen auf Basis robuster, *langfristiger* Strategien. Oder anders: die Entwicklung resilienter Lieferketten kann als Schlüsselfaktor zum unternehmerischen Umgang mit dem Klimawandel angesehen werden. Wie disruptiv *mittelfristige* Entwicklungen, z. B. politische Tendenzen, die Resilienz von Lieferketten herausfordern können, wird im folgenden Abschnitt untersucht.

## 3.2    Brexit und Protektionismus

Mit der Gründung der Welthandelsorganisation (WTO) 1995 begann eine in der Geschichte einmalige Phase weltweiter wirtschaftlicher Öffnung und Verflechtung. Wachsende Freihandelszonen und ebenso stark zunehmende bilaterale Abkommen machten es so leicht wie nie, Produkte (und Dienstleistungen) in immer mehr Ländern zu beschaffen, herzustellen oder zu vertreiben. Lieferketten wurden immer feingliedriger und internationaler, ohne an Durchlässigkeit einzubüßen.

Rund 20 Jahre später ist dieser Trend verlangsamt oder in Umkehr begriffen. Exemplarisch ist der „Brexit" (Kunstwort aus Britannien und Exit): Er bezeichnet den 2016 durch ein Referendum beschlossenen Austritt des Vereinigten Königreichs (UK) aus der Europäischen Union sowie dessen gemeinsamen Binnenmarkt (Bundesministerium für Wirtschaft und Energie, 2021). Einerseits kann der Brexit stellvertretend für einen globalen Trend des wieder zunehmenden Protektionismus und politischem Isolationismus angesehen werden (ähnlich den Entwicklungen zwischen den USA und China). Andererseits ist die „Achterbahnfahrt" von Einigungen, Zerwürfnissen und Zwischenlösungen in den Austrittsverhandlungen zwischen EU und der britischen Regierung exemplarisch für die Volatilität der VUCA-Welt.

Die konkreten Probleme liegen hierbei, entsprechend der in diesem Essential gewählten Strukturierung, im Bereich der Beschaffung:[2]

- Erhöhte Zoll- und Grenzformalitäten für aus der EU bzw. UK zu beschaffende Waren – bis hin zu völligem Einfuhrstopp

---

[2]Zit. nach Kleemann und Frühbeis (2021), mit vollständigen Quellennachweisen.

- Steigende Zukaufkosten durch höheren Logistikaufwand
- Erschwerung integrierter Beschaffungs- und Wertschöpfungskonzepte wie Just-In-Time (siehe auch Produktion)
- Erfordernis von Pufferbeständen (durch Unwägbarkeiten des „akuten" Brexit ebenso wie langfristig, durch Verkomplizierung der Transportkette)
- Zunehmendes Ausfallrisiko von Zulieferern

In der Produktion wiederum zeigen sich primär (beschaffungs-)logistische Folgeprobleme:

- Versorgungsengpässe für Produktionsmaterialien
- Geringe Planungssicherheit (so hat der Automobilhersteller BMW in Erwartung eines dann vollzogenen Brexits die im Werk Oxford üblichen Betriebsferien aus dem Sommer in den April 2019 verlegt; vergeblich, wie sich letztlich zeigen sollte)
- Zunehmender Fachkräftemangel durch „Abschottung" des britischen Arbeitsmarktes

Die Logistik als zentrale Verbindungsfunktion in Supply Chains sah und sieht sich folgenden Herausforderungen gegenüber:

- Massive Verkomplizierung von direkten und indirekten Transportrouten (z. B. bei Umschlagshäfen in UK für Lieferung in die EU)
- Überforderung von Schnittstellen in der übergreifenden Logistikkette (z. B. Häfen)
- Stark erhöhte Wartezeiten an Grenzübergängen und erhöhte Laufzeiten
- Überlastung von Puffer- und Umschlagslägern
- Unvorhersehbare Bedarfsschwankungen
- Mögliche Zollgebühren und sonstige Abwicklungskosten

Der Brexit kann angesichts dieser umfassenden Folgen – trotz individueller Charakteristika – als repräsentativ für Folgen des zunehmenden internationalen Protektionismus gelten. Bisher verlässliche, gut aufeinander abgestimmte Transportketten werden wieder zu einem „Flickenteppich", eng verzahnte Wertschöpfungsnetzwerke „verinseln" (Abb. 3.2).

Planbarkeit und Gesetzmäßigkeiten werden durch Volatilität und Unsicherheit ersetzt. Entsprechend steigt auch die Komplexität. Während einige Firmen aufgrund des Brexit stark ins wirtschaftliche Schwanken geraten, darf man jedoch

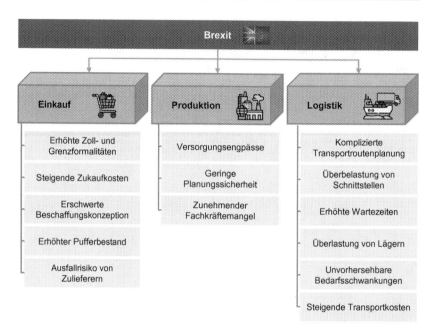

**Abb. 3.2**  SCM-Auswirkungen des Brexit

die Doppeldeutigkeit bzw. **A**mbiguität der Krise nicht vergessen, welche beispielsweise Firmen, die sich auf die komplexere Logistik spezialisieren, stark profitieren
lässt (Hofmann, 2021). Andererseits werden die Folgen des Brexit im Zeitablauf
stark schwankend beurteilt – in der aktuellen Corona-Krise z. B. rücken sie, wie
auch der Klimawandel, erkennbar in den Hintergrund. Daneben treten beim Brexit
zumindest in Gesamtsicht eher mittelfristige, d. h. zumindest teilweise planbare,
Supply-Chain-Herausforderungen auf. Eine Ausrichtung an den Prinzipien der
Resilienz hätte aber insbesondere für die mehrere Jahre dauernde Übergangsphase
eine höhere Stabilität bedeutet und bei Unwägbarkeiten Flexibilität ermöglicht.
Welche drastischen Auswirkungen aber auch kurzfristig in Lieferketten auftreten
können – und wie Resilienz ferner bei solch vermeintlichen Unvorhersehbarkeiten
greift – wird im nächsten Abschnitt betrachtet.

## 3.3 Corona-Pandemie

Nach ersten Andeutungen Ende 2019 war er spätestens im März 2020 da: der „Schwarze Schwan" – ein nach der „black swan"-Theorie höchst unwahrscheinliches, prägendes Ereignis: Weithin als „Corona-Virus" bezeichnet, greift in Rekordtempo der Erreger „SARS-CoV-2" um sich. Das nahezu vollständige Herunterfahren großer Teile der globalen Zivilisation, des öffentlichen Lebens, Verkehr und Ökonomie ist die Folge (Ivanov, 2020). In ungeahntem Ausmaß und Tempo brechen internationaler Reise- und Warenverkehr zusammen, wobei die Wanderungsbewegungen des Virus nicht nur ein Beleg für die globale Verflechtung sind. Sie zeigen dabei einen Zeitverzug im Wirksamwerden der Krisenauswirkungen. Im Bereich der Beschaffung zum Beispiel …:[3]

- … zeigt sich durch den zunächst in der „Weltfabrik" China verhängten „Lockdown" die Abhängigkeit von internationalen Zulieferern. Dortige Produktionsstopps sorgen dafür, dass Containerfrachter leer im Zielgebiet dümpeln, weil sie nicht zurück zur Aufnahme neuer Ware können. Zusätzlich dürfen beladene Containerschiffe oft nicht im Zielgebiet anlanden.
- … entstehen Material- bzw. Versorgungsengpässe. Hervorgerufen werden diese oft durch unvorhergesehene, massive Bedarfsanstiege – ob sachlich gerechtfertigt (z. B. Medizin- oder Hygieneprodukte) oder psychologisch („Hamsterkäufe"). Folgen waren entweder Nicht-Verfügbarkeit oder zum Teil massive Preissteigerungen (bsp. Obst: + 11,1 %, Dienstleistungen: +2,4 %, jedoch Benzin: –9,2 %) und Mengen-Restriktionen.
- … wurden durch behördliche Auflagen oder Empfehlungen Produktionsstilllegungen wichtiger Lieferanten vorgenommen. Quer durch alle Industrien entstand ein „Domino-Effekt" vernetzter Lieferketten: plötzlich fehlten überall Teile.
- … droht ein gesteigertes Risiko von Lieferanteninsolvenzen durch erhebliche Umsatzeinbußen – in manchen Branchen um 90 % innerhalb weniger Wochen.

Auch produzierende Unternehmensbereiche waren stark betroffen:

- „Systemrelevante" Branchen erfahren einen erheblich erhöhten Mengenbedarf und (mindestens kurzfristig) Kapazitätsaus- oder -überlastung, mit Bedarf an Sonderschichten, Reaktivierung stillgelegter Ressourcen und Verschiebung nachrangiger Aufträge.

---

[3]Zit. nach Kleemann und Frühbeis (2021), mit vollständigen Quellnachweisen.

- Für andere Industrien dagegen entsteht ein kurzfristiger, oft vollständiger Produktionsstopp – wegen fehlender Nachfrage. Bereits hergestellte Produkte, wie Fan-Artikel für die eigentlich anstehende Fußball-Europameisterschaft, müssen zu „Schleuderpreisen" an die Kunden gebracht oder sogar vernichtet werden.
- Umstellung der Produktion auf Alternativprodukte innerhalb kürzester Zeit. So in einer Brauerei, deren Fassabfüllung quasi vollständig zum Erliegen kam, die Flaschenabfüllung dagegen kaum die erhöhte Verbrauchernachfrage befriedigen konnte. In anderen Betrieben wiederum wurden Laborkapazitäten umgewidmet, um dringend benötigte Desinfektionsmittel herzustellen.
- Durch Einreisestopps, Quarantäne-Vorgaben oder der Notwendigkeit häuslicher Betreuung der eigenen Kinder aufgrund von Schulschließungen konnte in vielen Unternehmen die Betriebsbereitschaft aufgrund Personalmangels nicht aufrechterhalten werden. Spätestens beim Auftreten akuter Corona-Fälle im Mitarbeiterstamm folgte zumeist die vollständige Unterbrechung der Produktion.

Zudem waren im dritten SCM-Analysebereich, der Logistik, erhebliche Auswirkungen festzustellen:

- Behinderungen vor allem im grenzübergreifenden Waren- und Personenverkehr: Wartezeiten oder vollständige Abschottung, so z. B. Schließung von Häfen bzw. Grenzübergängen. Etablierte internationalen Transportrouten wurden atomisiert, mit einer kaum beherrschbaren Dynamik lokaler Einschränkungen. Oft traf es dringend benötigte Mitarbeiter, z. B. LKW-Fahrer, die nicht in ihr Beschäftigungsland einreisen konnten. Ein bereits vorher bestehender Lieferengpass von Mikrochips in der Automobilindustrie wurde beispielsweise durch die Corona-Pandemie noch verstärkt.
- Starke Schwankungen in der Nachfrage nach Transportleistungen der verschiedenen Transportmodi. Gerade LKW-Transporte waren überdurchschnittlich gefragt, zur Beseitigung der Nachfragespitzen bei der Verbraucherversorgung. Sehr volatil zeigte sich zu Anfang dagegen Luft- und vor allem Seefracht. Die Asynchronität der pandemischen Entwicklung zwischen Asien und den Kernhandelspartnern in Europa und Nordamerika brachte immer wieder das Gleichgewicht bei den Transportkapazitäten ins Wanken: Leerflüge wegen fehlender Nachfrage, Einfuhrbeschränkungen oder sich stapelnde Leercontainer in chinesischen Häfen (bei Knappheit in Europa) waren viel genannte Auswirkungen. Der internationale Personenverkehr kam vielerorts sogar völlig zum Erliegen, wie z. B. auch die Liquiditätskrise der Lufthansa aufzeigte. Seit 2021

ist die Nachfrage nach Containertransporten jedoch stark gestiegen – so haben sich die Preise in der Frachtschifffahrt teils versechsfacht.

- Einschränkung wie Kontaktver- und Abstandsgebote erschwerten in der operativen Logistik viele Prozesse. Die gerade im Verbrauchsgüterbereich überproportionale Nachfrage forderte sowieso schon Höchstleistungen in der Lagerlogistik und Warenkommissionierung. Ähnliches gilt für die Paketauslieferung durch die extrem angestiegene Anzahl von Online-Bestellungen. Dass dann noch Umschlags- und Paketübergabevorgänge durch die Vorgabe von Mindestabständen zwischen Auslieferer und Empfänger sowie Kontaktvermeidung wesentlich verlangsamten, erschwerte die Situation zusätzlich.

Neben diesen – teils dramatischen – Auswirkungen in den einzelnen Funktionen der Wertschöpfungsketten war in seltener Klarheit ein peitschenschlagförmiges Aufschwingen der rückwärts gerichteten Bestellungen zu beobachten, der sogenannte Bullwhip-Effekt. Kurzfristig aufgetretene Bedarfsspitzen brachten etablierte Wertschöpfungsnetzwerke nahe an den Zusammenbruch – wenig überraschend bei Nachfrageanstiegen um bis zu 400 % (Naumann & Schmid, 2020). Leere Regale bei Toilettenpapier und Nudeln gerieten zum „Medienthema Nummer 1". Wenige Wochen später war allerdings der Normalzustand wieder erreicht, die Nachfrage sank deutlich unter den üblichen Durchschnitt. Eilig beschaffte Ersatzartikel liegen plötzlich „wie Blei" in den Supermärkten, vereinzelt werden diese sogar an Kunden verschenkt. Kurzum: „Bullwhip at its worst" – die Verzahnung von Distribution, Produktion und Beschaffung ist an ihren Grenzen (Hobbs, 2020, ähnlich Stošić-Mihajlović & Trajković, 2020) (Abb. 3.3).

Somit lässt sich auch die Corona-Krise als exemplarische Disruption des Supply Chain Managements in der VUCA-Welt einordnen, hat sie doch die Verwundbarkeit und Limitation selbst gut etablierter Lieferketten deutlich aufgezeigt. Besonders prägend waren die anfangs angenommene Kurzfristigkeit, Allumfassung und Massivität der auftretenden Probleme. Krisen wie der Klimawandel, 2019 noch Top-Thema, oder der Brexit, steter „Krisen-Begleiter" seit 2016, traten erkennbar in den Hintergrund (Dierig, 2020). So zeigen die gewählten Beispiele klare Unterschiede in Ursachen und Folgen sowie eine klare Differenzierung in ihrem Zeithorizont. Dennoch lassen sich zahlreiche Parallelen in den auftretenden Problemen erkennen. Da solcherlei Krisen zudem schwer zu prognostizieren sind, stellt die Resilienz ein zentrales Konzept zur Bewältigung zur Verfügung, um einerseits agil reagieren, andererseits auf eine robuste Basis zurückgreifen zu können. Im folgenden Kapitel wird daher eine übergreifende Managementkonzeption für das Supply Chain Management vorgeschlagen.

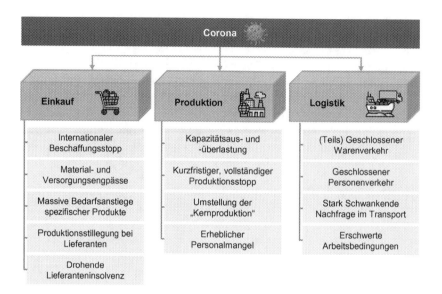

**Abb. 3.3** SCM-Auswirkungen der Corona-Pandemie

**Übersicht**

- Klimawandel mit lang- und kurzfristigen Störungen für die globalisierte Wirtschaft in Form von Versorgungsrisiken und -engpässen ohne „akute" Krise
- Brexit als protektionistische, mittelfristige Bedrohung mit Einfluss vorwiegend auf Material- und Personentransport
- Corona-Pandemie trifft ab 2020 die gesamte Weltwirtschaft unerwartet, zwingt Unternehmen in Stillstand oder Überlastung, langfristige Folgen kaum absehbar.

# Managementkonzeption „Triple R-Supply Chains"

**4**

## 4.1 Triple R-Supply-Chain-Modell

Das eingeführte Grundverständnis von Resilienz hat im Kern eine stärkere Verzahnung und wechselseitige Abwägung zeitlicher Handlungshorizonte aufgezeigt. Während „Robustheit" die eher langfristige Perspektive betont, scheint „Agilität" eine eher kurzfristige Wirkung anzudeuten. Eine dritte Dimension mittelfristiger Ansätze ist zwar nicht explizit Teil der Resilienz, ist aber für ein differenziertes Management unerlässlich (siehe auch Abschn. 2.3). Tatsächlich hat die zunehmende Komplexität dazu geführt, anfallende Aufgaben dahingehend noch stärker abzugrenzen. Vor allem im Einkauf, wo lange, wenn überhaupt, eine Unterscheidung in operativ-kurzfristige und strategisch-langfristige Aufgaben erfolgte, gehören taktisch-mittelfristige zwischenzeitlich zu einer umfassenden Betrachtung (Kleemann und Glas, 2020) (Abb. 4.1).

Im konzipierten „Triple R-Supply-Chain-Modell" soll jede dieser Umsetzungsperspektiven Ansätze zur Steigerung der Resilienz bereithalten: resiliente Strategieinhalte, resiliente Taktiken und resiliente operative Maßnahmen. Die Grundidee ist, durch Visualisierung der Handlungsebenen die fundamentale Idee der Resilienz zu erleichtern: die Verknüpfung und Abwägung – quasi das „Balancieren" von agilitäts- und robustheitsorientierten Aktivitäten. Es gilt eben nicht, dass beispielsweise *eine* strategische Maßnahme durch *drei* operative „ausgeglichen" werden sollte. Oder anders: Rotwein und Weißwein zu mischen, ergibt nur selten guten Roséwein. Somit definieren die drei *verknüpften* Handlungsperspektiven den Kern des Triple R-Modells.

Jedoch ist für eine Betrachtung aus Supply-Chain-Sicht neben dem zeitlichen Horizont auch die funktionale Perspektive Teil der Abwägung (siehe auch

F. C. Kleemann und R. Frühbeis, *Resiliente Lieferketten in der VUCA-Welt*,
essentials, https://doi.org/10.1007/978-3-658-34337-8_4

**Abb. 4.1**  Abgrenzung Handlungsperspektiven

Abschn. 2.2). Schon innerhalb von Unternehmen muss das Zusammenspiel von Einkauf, Logistik und Produktion gut orchestriert sein – klassisches Gegenbeispiel wäre das überfüllte Lager aufgrund durch den Einkauf durchgeführter „Großeinkäufe" wegen günstigen Konditionen oder Mengenrabatten. Insofern kann eine resiliente Lieferkette nur da entstehen, wo die beteiligten Kernfunktionen ihre Aktivitäten ganzheitlich betrachten und entsprechend abstimmen (Biedermann, 2018). Als zweite, ergänzende Dimension des Triple R-Modells werden daher, in Anlehnung an etablierte Supply Chain-Konzeptionen, die Wertschöpfungsfunktionen genutzt. Abb. 4.2 zeigt die Kombination zum vollständigen Modell.

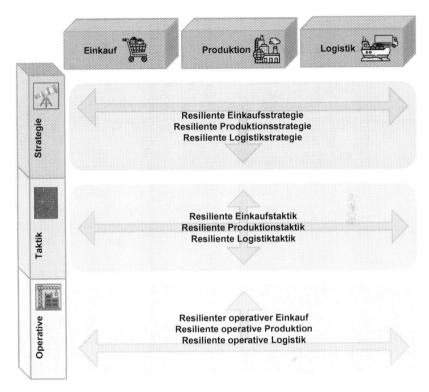

**Abb. 4.2**   Konzeption Triple R-Supply Chain-Modell

Auf Basis dieser Grundkonzeption werden in den anschließenden Abschnitten je Funktionsbereich Maßnahmen auf verschiedenen Handlungsperspektiven mittels Literaturrecherche identifiziert und definiert. Danach erfolgt eine Zusammenführung, bei der Handlungsempfehlungen zur Umsetzung des Modells formuliert werden.

## 4.2   Resiliente Beschaffung

Zunehmende Internationalisierung, steigender Fremdbezug und erhöhte Spezialisierung machen Lieferanten sowie deren Steuerung zu einer Schlüsselaufgabe des SCM. Eine leistungsfähige Beschaffung ist essentiell für die Gestaltung einer resilienten Wertschöpfungskette. Die Herausforderungen der VUCA-Welt (exemplarisch dargestellt in Kap. 3) haben hier vielfältige Auswirkungen. Gleichzeitig bestehen in der Praxis zahlreiche, zeitlich gestufte Lösungsansätze, die zur Steigerung der Resilienz von Einkauf und Beschaffung genutzt werden können. Auf der strategischen Ebene finden sich Maßnahmen, deren *Wirksamkeit* als eher langfristig eingeschätzt wird, mit jedoch hohem Umsetzungsaufwand. Die *Wirkung* selbst – also bei Umsetzung – kann eine Steigerung sowohl der Agilität als auch der Robustheit erzeugen.

**Strategische Beschaffungsmaßnahmen**[1]

1. Eine weitreichende Maßnahme im Rahmen der Beschaffung ist die Neubewertung der „Make or Buy"-Frage, also ob externe bezogene Leistungen zukünftig (wieder) intern erstellt werden sollten. Je nach Ausgestaltung ist der Neuaufbau eigener Ressourcen erforderlich (siehe hierzu Abschn. 4.3) oder mittels **Akquisition und Integration von Lieferanten** ins eigene Unternehmen. Hierdurch werden Ausfall- und Versorgungsrisiken reduziert (=Robustheit) sowie kurzfristige Verfügbarkeiten, z. B. kritischer Bauteile, erhöht (=Agilität). Allerdings ist dieser Ansatz mit tendenziell hohen Investitionen und Integrationsaufwänden verbunden. Die gesamtunternehmerische Flexibilität und Beweglichkeit leidet potentiell durch solche Zukäufe ebenfalls.
2. Eine abgeschwächte Variante der Integration ist die gezielte **Intensivierung von Beziehungen,** vor allem mit wichtigen Lieferanten. Inhalte könnten vor allem eine gemeinsame Planung und kooperative Risikoerkennung oder -bewältigung sein. So könnten z. B. Versorgungsengpässe auf Basis eines partnerschaftlichen Verständnisses frühzeitig mitgeteilt und durch bevorzugte Belieferung verringert werden. Der Aufbau solcher Beziehungen ist sicher aufwändig und oft nicht beliebig möglich. Doch er kann zu erhöhter Robustheit (z. B. höhere Liefersicherheit) und Agilität (z. B. kurzfristige, außervertragliche Lösungen durch bevorzugte Behandlung/ Beziehung) beitragen.
3. Vielfach erwähnt wird eine stärkere „Rückbesinnung" auf Bezugsquellen/Lieferanten, gegebenenfalls Beschaffungsobjekte selbst, aus der näheren Umgebung der Produktionsstätten. Diese als „**Regional Sourcing**", bzw. „Reshoring", bezeichnete Strategie zur Gestaltung des Lieferantenportfolios fängt zahlreiche Probleme der VUCA-Welt ab (z. B. geschlossene Grenzen oder risikobehaftete Transportwege, die zu hohen Emissionen führen). Vorteile sind eine nach Umsetzung höhere Flexibilität (=Agilität), geringeres Risiko und sinkende

---

[1]Zit. nach Kleemann und Frühbeis, 2021, mit vollständigen Quellnachweisen.

Transportkosten – samt Umweltfolgen (=erhöhte Robustheit). Dem entgegen stehen fehlende regionale Bezugsquellen (in angemessener Qualität) und höhere Bezugskosten (durch geringere Skaleneffekte oder höhere Lohnkosten).

4. Ähnlich gelagert und kombinierbar sind Empfehlungen zum Aufbau alternativer Bezugsquellen, d. h. Erhöhung auf mindestens zwei Lieferanten pro Beschaffungsobjekt („**Dual Sourcing**"). Hierdurch steigt die Flexibilität durch die situationsbedingte Verschiebung von Vertragsvolumen von einem Lieferanten auf einen anderen. Sollte eine der beiden Bezugsquellen Qualitäts-, Liefer- oder Versorgungsprobleme aufweisen, kann zudem das Risiko eines Engpasses reduziert werden (=Robustheit). Allerdings, wie im vorigen Punkt beschrieben, gehen durch die Volumenaufteilung gegebenenfalls Skaleneffekte sowie Verbundeffekte verloren, aufgrund weniger enger Lieferantenbeziehung gegenüber der „Single Source".

Die vorgestellten Maßnahmen sind für zahlreiche Risiken der VUCA-Welt einsetzbar. Sie unterliegen dabei allerdings den dargelegten Vorbehalten, gerade was die Umsetzungsgeschwindigkeit angeht. Mittelfristige, taktische Initiativen können für eine gewisse Beschleunigung sorgen.

**Taktische Beschaffungsmaßnahmen[2]**

1. Auf Basis von (selbst entwickelten) Szenarien können Risikosimulationen durchgeführt und möglichen Auswirkungen auf Lieferanten prognostiziert werden. Je nach erkanntem Handlungsbedarf *könnte* dieser „**Lieferantenportfolio-Check**" genutzt werden, um präventiv Veränderungen beim Lieferanten selbst (z. B. Eigenoptimierung) oder im beschaffenden Unternehmen (z. B. Entwicklung Risikoplan, Abschluss Versicherung, aber auch Lieferantenaustausch) anzustoßen. Vorausschauende Handlungsweisen erhöhen im Krisenfall die Reaktionsgeschwindigkeit (=Agilität) oder reduzieren das Schadensausmaß (=Robustheit). Zudem erfordern sie durch den präventiven Fokus nur geringe Umsetzungsressourcen.

2. Im Kern taktischer Einkaufsprozesse steht die Lieferantenauswahl. Je nach Zielsetzung kann durch die Festlegung der Auswahlkriterien auf speziell resilienzsteigernde Aspekte stärkeres Augenmerk gelegt werden. Während Risiken wie z. B. finanzielle Stabilität (zur Vermeidung von Insolvenzen) oder Zuverlässigkeit (bei internationalen Bezugsquellen) schon gängig sind, sind nachhaltigkeitsorientierte Lieferantenauswahlkriterien in größerem Umfang noch eher

---

[2]Zit. nach Kleemann und Frühbeis, 2021, mit vollständigen Quellnachweisen.

selten. Gerade im „**Green Sourcing**" liegen mit Blick auf Klimawandel noch erhebliche Potentiale. Diese stärken die Beschaffung vor allem in Hinblick auf Nachhaltigkeit als Teilziel der Resilienz. Die in diesem Zusammenhang oft geäußerte Vermutung, „grüne" Initiativen würden „automatisch" mehr kosten, kann mit dem Blick auf mehr Langfristigkeit und Stabilität auch bei wirtschaftlichen Betrachtungen zumindest abgeschwächt werden.

3. Ein weiterer Aspekt der taktischen Einkaufsarbeit, die zur Steigerung von Resilienz genutzt werden kann, ist die Überprüfung, Vorbereitung und der Einsatz von möglichen **Substitutionsgütern**. Ob durch erschwerten Handelsrahmen oder Klimawandel – die Abkehr von potentiellen „Engpassmaterialien", wie z. B. seltenen Erden, erhöht dabei den Spielraum des Einkaufs. So steigt die Reaktionsschnelligkeit und Flexibilität (=Agilität) im Fall von kurzfristig auftretenden Krisen und Engpässen. Da auch die Verringerung von Risiken erfolgt, steigt wiederum die „Robustheit" des Unternehmens. Eine sofortige Umsetzung, z. B. Änderung von Rezepturen, ist oft noch nicht einmal erforderlich. Die schiere Vorbereitung bzw. Prüfung von Alternativen trägt schon positiv zur Resilienz bei, ohne allzu große Umsetzungsaufwände zu bedingen.

4. Maßnahmen zur „**Digitalisierung**" könnten auch als strategisch eingeordnet werden. Andererseits gibt es hier eine Vielzahl von kurz- bis mittelfristig nutzbaren Hebeln, womit dieses Cluster als taktisch zugeordnet wird. So hilft eine selektive, verstärkte digitale Anbindung von Lieferanten, Reaktionszeiten bei Engpässen oder Problemen zu reduzieren (=Agilität). Die gewonnene Zeit kann in die effektive Koordination stabilisierender Gegenmaßnahmen genutzt werden (=Robustheit). Die gezielte Umstellung von Lieferantenverhandlungen auf Online-Formate ist eine noch flexiblere, wiederum digitale Lösung. Für nachhaltige Ergebnisse ist dabei jedoch mehr erforderlich als nur die Umstellung der Gespräche auf gängige Online-Kommunikationstools. Es gilt, die besonderen Gegebenheiten und Herausforderungen zu analysieren, EinkäuferInnen darauf vorzubereiten und entsprechende Ressourcenaufwände vorzusehen.

Während die vorgenannten taktischen Maßnahmen überwiegend mittelfristige Umsetzungsperspektiven bedingen, wurden im Verlauf der in diesem Buch betrachteten VUCA-Krisen zahlreiche kurzfristig wirksame Maßnahmen ergriffen.

## Operative Beschaffungsmaßnahmen[3]

1. Gerade im Verlauf der aufkommenden Corona-Krise griffen viele Unternehmen auf das Instrument von „**Lieferanten-Puls-Checks**" zurück. Mit eilig anberaumten Befragungen wurde versucht, akute Probleme (z. B. Liefer- oder Liquiditätsengpässe) zu identifizieren sowie im Bedarfsfall entsprechend entgegenzuwirken. Grundgedanke war, mögliche Probleme zu vermeiden oder zu verringern (=Robustheit) indem frühzeitig (re)agiert wird. Ein Beispiel wäre, bei entsprechenden eigenen Ressourcen, Zahlungsziele für Lieferanten zu verkürzen oder gar aktiv finanzielle Mittel bereitzustellen.

2. Ähnlich gelagert, wird wiederholt empfohlen, je nach Krise die Sensibilisierung der EinkaufsmitarbeiterInnen in „**Risikofrüherkennung**" auszubauen. Oft liegt hier großes Potential, einerseits aufgrund des im Personal gebundenen Erfahrungswissens (=Robustheit), andererseits durch die schnellere Reaktion auf operativ auftretende Probleme: das Einkaufsteam als „Finger am Puls" (=Agilität). Das kann ein besorgter Anruf eines Lieferantenmitarbeiters sein, der zügig an die Einkaufsleitung weitergegeben wird, oder das „Aufschnappen" von Informationen in Nachrichten, „Flurfunk" o. Ä. Dabei ist natürlich die Balance von Information und Beibehaltung der operativen Aktivitäten zu finden.

3. Im Überschneidungsbereich zwischen Einkauf und Logistik liegt u. a. die **Lagerbestandsdisposition.** Kernziel des Einkaufs ist die Versorgungssicherheit, trotz deutlicher Tendenzen zu reduzierten Lagerbeständen im Sinne von „just in time". Im Zweifels- bzw. Bedarfsfall sollte es kein „Tabu" sein, Bevorratungskonzepte zumindest für kritische Materialien anzupassen. Höhere Lagerbestände im eigenen Unternehmen und/ oder bei Schlüssellieferanten sind ein etabliertes wie auch wirkungsvolles Instrument. Zur Vermeidung überhöhter Bestände kann je nach Krisensituation eine „weichere" Form gehören: Die Anpassung der Meldebestände, zu denen nachbestellt wird. Versorgungsengpässe werden vermieden (=Robustheit), die kurzfristige Reagibilität und Flexibilität im Materialverbrauch erhöht (=Agilität). Dennoch sind mögliche Folgen – allen voran höhere Lagerkosten und Risiko der Überbevorratung – nicht zu unterschätzen.

4. Ein in der öffentlichen Wahrnehmung nur bedingt populärer, nichtsdestotrotz relevanter Bestandteil der Einkaufsarbeit ist die Generierung von kurzfristigen Effizienzen. Diese sind zwar auf den akuten Bedarfsfall zu beschränken, sollten jedoch für das eigene Unternehmen existenzielle wirtschaftliche Nöte bestehen (=Robustheit), müssen „**klassische Einkaufshebel**" genutzt werden. Dazu gehört z. B. die Verlängerung von Zahlungszielen, die Nachverhandlung von

---

[3]Zit. nach Kleemann und Frühbeis, 2021, mit vollständigen Quellnachweisen.

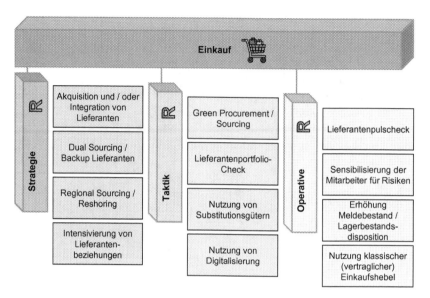

**Abb. 4.3**  Einkaufsmaßnahmen zur Resilienzsteigerung

Vertragskonditionen oder gar unilaterale Rechnungskürzungen, um kurzfristige Liquiditätsengpässe abzuwenden (=Agilität). Wegen der oft gravierenden Auswirkungen auf Lieferantenbeziehungen sollte dieses Maßnahmenbündel jedoch, wenn überhaupt, sehr selektiv eingesetzt werden.

Eine Zusammenfassung dieser Maßnahmen findet sich in Abb. 4.3. Gemäß des herausgearbeiteten Verständnisses von Resilienz bedeutet die (vermeintliche) Kurzfristigkeit der Maßnahmen keineswegs, dass diese ab sofort von jedem Unternehmen umzusetzen sind. Vielmehr sollte darunter das Entwickeln von Präventivplänen (inkl. operativer Initiativen) verstanden werden, die im Krisenfall kurzfristig aktiviert werden können (=Agilität) und so die Robustheit stärken. Dies gilt auch für die produktionsbezogene Aktivitätenauswahl im Folgeabschnitt.

## 4.3    Resiliente Produktion

Die Produktion bildet in den meisten Industrieunternehmen das Herzstück der Wertschöpfung. Auch wenn der Fokus hier meist auf unternehmensinternen Prozessen liegt, bleiben Auswirkungen der VUCA-Welt nicht aus. Produktion bedeutet ebenso die Koordination eines Netzwerks, zudem sind zahlreiche Wechselwirkungen mit dem Umfeld (z. B. Gesellschaft, Umwelt) zu berücksichtigen. Strategische Aufgaben sind dabei oft Gestaltungsfragen im Bereich Produktionsnetzwerk sowie Standortwahl. Entsprechend sind die nachfolgend vorgestellten resilienzsteigernden Maßnahmenbeispiele gerade hierauf ausgerichtet.

**Strategische Produktionsmaßnahmen**[4]

1. Unsicherheiten und Probleme zur Zuverlässigkeit etablierter externer Bezugsquellen lassen das Konzept zur **Eigenfertigung** wieder deutlich attraktiver erscheinen (siehe hierzu auch Abschn. 4.2). Direkte Beeinflussbarkeit von Qualität und Lieferzeit kann für höhere Flexibilität (=Agilität) und Stabilität der Leistungserstellung sorgen (=Robustheit). Als z. B. im Zuge der Corona-Krise Desinfektionsmittel essentiell zur Aufrechterhaltung des Produktionsbetriebs wurden, stellte ein Unternehmen aus der Druckbranche diese Mittel in eigenen Laboratorien selbst her. Verloren gehen allerdings die „economies of scope". Insofern bleibt diese Maßnahme eher eine selektive, zudem langfristige Option.
2. Im Sinne der Risikominderung werden aufgrund der in Kap. 3 dargestellten Krisen vielfach marktnähere Produktionsstätten empfohlen. Dieser als **„Near Shoring"** bezeichnete Ansatz erhöht die Reagibilität bei Schwankungen (=Agilität) und erhöht durch den direkteren Zugriff sowie kürzere Wege die Krisenfestigkeit (=Robustheit).
3. Ähnlich wie im vorigen Absatz dargelegt, wirkt auch die **Gestaltung des Produktionsnetzwerks**: die Abkehr von aus Skalenüberlegungen günstigen Großfabriken und damit verbundene Verteilung der Bedarfe auf kleinere, dezentrale Standorte. Die Annahme ist, dass sich diese kleineren Betriebe schneller an neue Anforderungen und Bedarfe anpassen (=Agilität), der Ausfall einzelner Betriebsstätten dagegen weniger kritisch wirkt als bei stark konsolidierten Fertigungsstrukturen (=Robustheit). Bei beiden Ansätzen gilt es aber, die verlorengehenden Effizienzvorteile einer dezentraleren Produktion gegenüber den Resilienz-Vorteilen abzuwägen.

---

[4]Zit. nach Kleemann und Frühbeis, 2021, mit vollständigen Quellnachweisen.

4. Im Kern der **Produktionsstrategie** steht die Frage nach bei der Leistungserstellung erzielbaren Wettbewerbsvorteilen. Eine Überprüfung zentraler Strategie-Parameter anhand von Szenarien zur zukünftigen Entwicklung unter Maßgabe einer Steigerung der Resilienz scheint daher sinnvoll. So könnte eine Flexibilisierung der Produktionsprozesse (und -ressourcen) ebenso sinnvoll sein wie die Stabilisierung der Produktionsabläufe durch moderne, digitale Wartungskonzepte: „Prescriptive Maintenance" beispielsweise soll Ausfallzeiten von Produktionsanlagen durch vorausschauende Wartung und Reparatur minimieren. Für solcherlei Maßnahmen allerdings ist aufgrund der Tragweite für das Produktionsnetzwerk eine langfristige Umsetzungsperspektive bei hohen Aufwänden anzunehmen.

Gerade Standortentscheidungen sind im Produktionsumfeld oft mit hohen Investitionen verbunden und entsprechend inflexibel bzw. schwer reversibel. Umso wichtiger ist es, das Maßnahmen-Portfolio zur Resilienzsteigerung mit schneller wirksamen Initiativen zu ergänzen.

**Taktische Produktionsmaßnahmen[5]**

1. Einige produktbezogene Maßnahmen vereinfachen die Produktionsabläufe, sodass insgesamt schneller auf Änderungen reagiert werden kann. Die **Standardisierung von Produktionsfaktoren** erlaubt dies. Variantenvielfalt bei Produkten oder Materialien erzeugt Komplexität und Rüstzeiten oder zwingt Unternehmen dazu, jeweils spezialisierte Anlagen und Maschinen zu betreiben. Das bindet (finanzielle) Ressourcen und mindert die unternehmerische Flexibilität. Umgekehrt steigert Standardisierung dies, und somit Agilität und Robustheit. Dagegen sprechen relativ hohe Aufwände für nötige Produktumgestaltungen. Zudem reduzieren sich die Gestaltungsmöglichkeiten für kundenindividuelle Lösungen.
2. Eine ebenfalls relativ aufwändige Maßnahme ist die gezielte Umgestaltung bzw. **Flexibilisierung der Produktionsanlagen** und -prozesse. Modularere Anlagen, agilere Produktionsplanung oder veränderte Prozessvorgaben erlauben es, schneller auf sich verändernde Kunden- und Bedarfsanforderungen zu reagieren (=Agilität). Dies gilt sowohl bei der Produktionsmenge (Abkehr von Massenproduktion) als auch der Produktqualität (durch Individualisierung von Produkten).

---

[5]Zit. nach Kleemann und Frühbeis, 2021, mit vollständigen Quellnachweisen.

Zudem kann die Robustheit gesteigert werden, da das Risiko von Fehlplanungen oder -investitionen reduziert wird. Nicht ganz zufällig treffen hier die Herausforderungen der VUCA-Welt auf die Potentiale der „Industrie 4.0".

3. Eine weitere Lösung in volatilem Bedarfsumfeld ist eine **nachfrageorientierte Produktionsplanung.** In arbeitsteiligen Lieferketten sind fehlende Informationen über die tatsächliche (End-)Kundennachfrage oft eine große Herausforderung: Überproduktion oder fehlender bzw. zeitverzögerter Nachschub sind typische Probleme, umfassend beschrieben im „Bullwhip-Effekt". Vor allem digitale Lösungen wie autonome Bedarfserkennung erlauben es, die Produktionsplanung vorausschauend anzupassen (=Agilität) und somit Ineffizienzen zu vermeiden (=Robustheit). Große Konsumgüterhersteller implementieren schon jetzt immer mehr solcher Lösungen. Die technischen Möglichkeiten hierfür haben in den letzten Jahren deutlich zugenommen. Trotzdem sind erhebliche Umsetzungsherausforderungen zu erwarten.

4. **Nachhaltige Produktionsprozesse** greifen einen wichtigen Bestandteil von Resilienz auf. Auch wenn dies durchaus auf der strategischen Ebene zuordenbar wäre: Die Entwicklung „grüner Produkte" mit ressourcenschonenden Bestandteilen, hergestellt in ebensolchen, möglichst verschwendungsfreien Prozessen durch entsprechende Anlagen bietet zahlreiche mittelfristige Umsetzungspotentiale. Dazu gehören z. B. die Nutzung recycelter oder recyclingfähiger Materialien ebenso wie emissionsreduzierte Prozesse oder Anlagen. Auch wenn diese Ansätze nicht neu sind, ändert dies nichts daran, dass solche Initiativen die Resilienz in Unternehmen steigern und insbesondere gegenüber Einflüssen des Klimawandels stärken.

Neben diesen skizzierten taktischen Maßnahmen stehen in der Produktion zahlreiche operative Gestaltungsmöglichkeiten zur Verfügung. Da hier primär unternehmensinterne Abläufe berührt sind, kann hier eine Umsetzung (im Gegensatz zur Beschaffung von Lieferanten) oft besonders schnell initiiert werden.

**Operative Produktionsmaßnahmen**[6]

1. An der Schnittstelle zu mittelfristigen Maßnahmen liegen Ansätze zu **agiler Produktionsplanung und -steuerung (PPS).** Hier geht es um den konkreten Einsatz von Produktionsressourcen. „Altgediente" Planungsgrundsätze zu hinterfragen und auf eine gleichermaßen stabile wie agile Grundlage zu stellen, hilft der angestrebten Steigerung der Resilienz. Beispiel hierfür sind

---

[6]Zit. nach Kleemann und Frühbeis, 2021, mit vollständigen Quellnachweisen.

Kundenprioritäts- oder Engpassorientierte Planungsmuster, zeitlicher Versatz von Rüstzeiten, saisonale Erwägungen oder gezielte Berücksichtigung von Kapazitätskonsolidierung. Die Nachteile einer solchen Flexibilisierung gegenüber den Skaleneffekten der Massenproduktion liegen in der Effizienz einer optimalen Auslastung sowie geringerer Lagerkosten und der Effektivität einer besseren Nachfragebefriedigung.

2. Eher im Bereich des Shopfloor-Managements sind unterstützende Möglichkeiten der **digitalen Arbeitssteuerung** anzusiedeln. Montageanleitungen, die über digitale System bereitgestellt werden (bis hin zur Augmented-Reality-Brille) sind durch zentrale Bereitstellung flexibel einsetzbar, z. B. bei exogenen Änderungen (=Agilität). Sie wirken zudem fehlerverringernd (=Robustheit). Bei Erweiterung in Richtung „Echtzeit-Steuerung" können ProduktionsmitarbeiterInnen „live" Hinweise zu Fertigungsaufträgen (z. B. „Express") übermittelt werden. Dem entgegen stehen kurzfristig technologische sowie ressourcenbezogene Herausforderungen.

3. Relativ speziell auf die Auswirkungen der Corona-Pandemie zielen Maßnahmen zur **präventiven Arbeitssicherheit** in der Produktion. Genannt wurden Maßnahmen zur Kontaktreduzierung durch Umstellung auf digitale Kontakte (z. B. Online-Schichtübergabemeetings), kleineren Prozessanpassungen (z. B. erhöhte Verteilzeiten für Hygienemaßnahmen) oder feste Lüftungsintervalle und Steuerung physischer Kontakte durch Abstandsmessung. So stellte das Fraunhofer-Institut zeitnah ein Konzept zur „Distanzierung" der FertigungsmitarbeiterInnen via Bluetooth vor, ein Hersteller von „smarten" Handschuhen ergänzte die Funktionalität seiner Produkte um eine „Abstandswarn-Funktion". Diese Beispiele versprechen eine schnelle Anpassungsfähigkeit (=Agilität) und vermeiden Quarantäne-bedingte Unterbrechungen (=Robustheit), erfordern aber natürlich Investitionen in Technologie oder Prozessanpassungen.

4. Ein ähnlich gelagertes Beispiel, das in Kombination von Digitalisierungs-Möglichkeiten und Corona-Pandemie aufkam, waren Konzepte zur **ferngesteuerten Wartung,** gegebenenfalls **Betrieb,** von Produktionsanlagen. Naheliegend, aber eher taktischer Natur, sind hier IT-Tools, die per Web-Interface zur (Fern-)Steuerung von Produktionsanlagen genutzt werden. Pragmatischer umsetzbar (=agiler) wären „ferngesteuerte" MitarbeiterInnen in Produktionsbereichen. Sie können per Smartphone-, Tablet- oder Body-Kamera mit entfernter sitzenden KollegInnen verbunden werden, um unter deren Anleitung Produktions- oder Wartungsprozesse live auszuführen. Produktionsunterbrechungen kann man so vermeiden oder verkürzen.

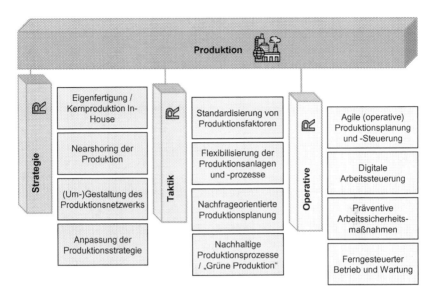

**Abb. 4.4** Produktionsmaßnahmen zur Resilienzsteigerung

Zusammenfassend gilt: Die eigene Produktion ist mithin der Wertschöpfungsbereich mit den größten direkten Einflussmöglichkeiten. Aber: Nicht alle aufgeführten Maßnahmen (siehe zusammenfassend Abb. 4.4) sind zwingend *umzusetzen*. Die *Vorbereitung* reicht oft, um schneller zu reagieren (=Agilität) und so die Robustheit zu stärken. Dies gilt nicht zuletzt für logistische Gestaltungsmaßnahmen, wie sie im nächsten Abschnitt zur Vervollständigung der SCM-Funktionen erfolgt.

## 4.4 Resiliente Logistik

Die in Kap. 3 aufgegriffenen VUCA-Beispiele haben gezeigt, welche Folgen für eine international verflochtene Wirtschaft während Krisen entstehen. Die Logistik als Funktion zur physischen Verbindung dieser arbeitsteiligen Wertschöpfung hat damit eine enorm wichtige Rolle – sowohl bei Auswirkungen als auch bei der Bewältigung der entsprechenden Herausforderungen.

Gestaltungselemente auf der strategischen Ebene sind dabei primär Ressourcen – Lagerstandorte und Logistikanlagen. Dieser Stoßrichtung folgen die nun vorgestellten Beispielmaßnahmen.

**Strategische Logistikmaßnahmen**[7]

1. Unter der Grundannahme, VUCA-Krisen machten Lieferketten störungsanfälliger, wird als Gegenmaßnahme vielfach die **Ausweitung des Standortnetzwerks** empfohlen. Große, hoch skalierbare Zentralläger für ganze Kontinente sind bei Störungen wie Grenzschließungen kaum in der Lage, flexibel (=Agilität) die Lieferfähigkeit auf breiter Basis aufrechtzuerhalten (=Robustheit). Zusätzliche Lagerstandorte und/oder deren Verlegung in langfristig weniger betroffene Regionen, können hier entgegenwirken. Den Nachteilen solcher Ansätze durch geringere Effizienz (durch kleinere Standorte) und höhere Komplexität ist zumindest teilweise durch kooperativ oder extern betriebene Standorte entgegenzuwirken.

2. Ein anderer Effekt kürzlich aufgetretener Krisenphänomene ist die z. T. völlige Blockade einzelner Absatzwege (z. B. durch Brexit oder Corona-Lockdowns). Hier wurde teils sehr erfolgreich und schnell die **Erweiterung der Vertriebskanäle** vorgenommen. Viele, oft auch kleinere Unternehmen, nahmen nach jahrelanger Zurückhaltung „notgedrungen" Angebote wie Abhol- oder Bringdienste mit Online-Bestellung („click-and-collect" etc.) auf. Da davon ausgegangen werden kann, dass diese eher dauerhaft bleiben werden, dürften diese Anpassungen trotz der kurzfristigen Umsetzung (=Agilität) durch Risikostreuung bzw. Öffnung neuer Umsatzpotentiale die Robustheit der Unternehmen positiv beeinflussen.

3. Ein Logistik-Trend, der die Gestaltung der Ressourcenebene entweder ganzheitlich bzw. strategisch (aber auch selektiv-taktisch) verändern kann, ist die **Autonomisierung physischer Aktivitäten.** Die erwähnten (Abschn. 4.3) Technologien zur Abstandswahrung in Fertigungsbereichen können durch den Einsatz von flexiblen Lagerrobotern Kontaktbereiche wie Kommissionierung in Lagerflächen erleichtert werden. Große Automobilhersteller oder Versandhändler Amazon nutzen entsprechende Ansätze schon länger. Die Weiterentwicklung autonomer Transportsysteme für nahezu alle Verkehrsträger (Straße, Schiene, Luft) zeigt zudem Effizienzpotentiale in der unternehmensübergreifenden Logistik auf. Die schnelle Verfügbarkeit (=Agilität) und geringere Anfälligkeit

---

[7]Zit. nach Kleemann und Frühbeis, 2021, mit vollständigen Quellennachweisen.

gegenüber individuellen Störeinflüssen (=Robustheit) dürfen hier als wesentliche Treiber gelten, Technologiereife, Umstellungsaufwände und -kosten als noch vorhandene Nachteile.

4. Der Kern logistischer Aktivitäten ist die Überwindung räumlicher Differenzen (=Transport). Entsprechend umfassend dürften die Einflüsse einer nachhaltigeren bzw. **„Grünen Logistik"** sein – selbst wenn kurzfristigere Umsetzungsoptionen bestehen. So breit wie die Palette der Anwendungen ist, wird eine *strategische* Umsetzung als besonders sinnvoll erachtet. Mögliche Maßnahmen umfassen die Vermeidung von Transportwegen, die durch die vorerwähnte Umgestaltung von Standortnetzwerken erreicht werden kann. Weitere Emissionen lassen sich durch den Einsatz erneuerbarer Energien (z. B. Geothermie) beim Betrieb von Logistikstandorten vermeiden. Eine nach neuen Prinzipien orientierte Transport- bzw. Tourenplanung kann ähnliche positive Effekte haben. Selbst neue Geschäftsmodelle und Zielgruppen (durch nachhaltige Leistungsangebote) lassen sich entwickeln. Die höhere unternehmerische Dynamik (=Agilität) soll dabei eine nachhaltige Effizienz fördern (=mehr Robustheit).

5. Das unmittelbar „verbindende Element" der Logistik erfordert es aber, dass neben strategischen Maßnahmen kurzfristiger (re)agiert wird – zunächst auf der gestaltenden Ebene.

**Taktische Logistikmaßnahmen**[8]

1. Eine Folge der VUCA-Welt wird auch in einer höheren Anfälligkeit gesehen. Das Ausweichen auf **alternative Verkehrsträger** kann buchstäblich ein „Ausweg" sein. So wurden für die erwarteten Engpässe bei der LKW-Abfertigung zwischen EU-Festland und Großbritannien im Zuge des Brexit „Short Sea"-Verbindungen via Rotterdam als flexible Alternative ins Spiel gebracht (=Agilität), um die Versorgung zu sichern (=Robustheit). Ähnliches war in der Corona-Krise mindestens vorübergehend für die Ausbalancierung zwischen der schnellen, zuverlässigen, aber teureren Luftfracht gegenüber den sonst gängigen Seetransporten zu sehen. Sinnvoll ist dabei weniger eine völlige Abkehr von einzelnen Transportmodi, eher die zielgerichtete Flexibilisierung von deren Einsatz.

2. Ein weiterer, gegebenenfalls kombinierbarer Ansatz wäre die Aufnahme **alternativer Transportrouten** im Bereich der Tourenplanung. Die angestrebte Reaktivierung der Seidenstraße mittels Güterzügen stellt hier einen Mittelweg dar (siehe auch voriger Unterpunkt 1). Bei Verbleib auf dem angestammten Transportträger ist die Vermeidung bestimmter Punkte der Infrastruktur, z. B.

---

[8]Zit. nach Kleemann und Frühbeis, 2021, mit vollständigen Quellnachweisen.

überfüllte Grenzübergänge für eine Abfertigung, stark belastete Verkehrswege wie störanfällige Tunnel oder vielbefahrene Straßenabschnitte, ein Weg zu höherer Resilienz. Somit kann die Versorgung stabiler (=robuster) und schneller (=agiler) erfolgen.

3. Zu Erleichterung kurzfristigerer Planungsvorgänge ist die **übergreifende Systemvernetzung** als Initiative zu planen. Die erfolgreiche Steuerung von Verkehrs- und Warenströmen (=Robustheit) basiert nicht zuletzt auf hoher Transparenz, um möglich in Echtzeit auf Störungen reagieren zu können (=Agilität). Gerade die Telematik bietet hier große Potentiale, werden doch zumindest bei neuen LKW heutzutage schon zahlreiche Betriebsdaten „live" erfasst. Deren übergreifende Sammlung und Auswertung erlaubt hier zentral koordinierte Entscheidungen auf fundierter Basis.

4. Angelehnt an die im Bereich „Strategie" angesiedelte Maßnahme wurde bei kürzlich aufgetretenen Krisen die kurzfristige Übernahme (eigentlich) zweckfremder Standorte im Sinne einer **Flexibilisierung von Logistikflächen** als Gegenansatz vorgeschlagen. Im Zuge der Corona-Pandemie stieg die Nachfrage nach Paketversand sprunghaft an und war in den konventionellen Auslieferungsabläufen kaum zu bewältigen. Durch Lockdowns nicht genutzte Flächen (z. B. Einzelhandel, Gastronomie, Bürogaragen) wurden relativ kurzfristig zu Mini-Depots umfunktioniert, mit einer allenfalls rudimentären Lagerausstattung und bewusst maximal mittelfristiger Perspektive. So wurden Auslieferungswege verkürzt sowie Engpässe kurzfristig behoben ( =Agilität), um die Versorgung aufrechtzuerhalten (=Robustheit).

Mit Blick auf diese Maßnahmen wird die „hands on"-Mentalität der Logistik deutlich: Viele Vorschläge sind bei Einzelbetrachtung auch kurzfristig umsetzbar. Umgekehrt sind einige der nachstehenden operativen Ansätze bei breiterem Einsatz als taktisch einzuordnen.

**Operative Logistikmaßnahmen[9]**

1. In Anlehnung an die Option zur mittelfristigen flexiblen Nutzung von Lagerflächen entstanden noch kurzfristiger abzielende Maßnahmen wie „pop up" **Ressourcen-Sharing.** Hohe Aufmerksamkeit erzielte Anfang 2020 die Unterstützung eines Systemgastronomie-Konzerns an eine deutsche Supermarktkette zur Personalbeistellung für die Bewältigung hoher Nachfragemengen im Bereich

---

[9]Zit. nach Kleemann und Frühbeis, 2021, mit vollständigen Quellnachweisen.

Lager- und Filialkommissionierung. Die Lösung umfasste rund 2000 MitarbeiterInnen, wurde in weniger als einem Monat umgesetzt (=Agilität) und half, die für sonstige Verhältnisse zum Teil „angespannte" Versorgungslage zu stabilisieren. Auch entsprechende Web-Angebote zur Vermittlung gemeinsam nutzbarer Logistikressourcen (z. B. Personal, Stellflächen) wurden schnell entwickelt und umgesetzt.

2. Eine eher schon etablierte Form zur gemeinsamen Nutzung von Transportkapazitäten sind **(digitale) Frachtbörsen.** Ob nun engpass- oder umweltorientiert tragen diese dazu bei, mit weniger Ressourcen eine gegebene Frachtmenge zu transportieren. Frachtführer mit freien Kapazitäten können, unabhängig vom Transportträger, freie Laderäume melden, Verlader mit entsprechendem Bedarf diese kurzfristig buchen. Die Vermittlung findet dabei zunehmend über webbasierte Angebote statt. Dies bedingt eine kurzfristige Umsetzbarkeit (=Agilität) ebenso wie eine hohe (Markt-)Transparenz. Das wiederum reduziert das Risiko, dass eine Ware keinen Transporteur findet, sichert also Robustheit.

3. Weniger die Einbindung ergänzender, als vielmehr die **temporäre Kapazitätsintensivierung** kann für operative Entlastung bei kritischen Engpässen sorgen. Die erhöhte Nachfrage nach Heimlieferungen von Lebensmitteln löste eine bundesweite Supermarktkette unter anderem durch die Erhöhung der Lieferfrequenzen, unterstützt durch die hohe Bereitschaft der Belegschaft zu Mehrarbeit (sowie vormals erwähnte kurzfristige Ressourcenergänzungen). Zum Konzept der Resilienz gehört es auch, solche Mehrbelastungen individuell abzufangen (=Robustheit). Dies setzt neben entsprechender Motivation und Leistungsbereitschaft des Personals auch einen absehbaren Umsetzungshorizont voraus (=Agilität), um Überlastungen zu vermeiden.

4. Ein weiterer kurzfristiger Ansatz ist in Überschneidung zu den Ausführungen zur „Resilienten Beschaffung" (siehe Abschn. 4.2) die Erhöhung von **Pufferbeständen** in der Lagerung. In den lange populären „just in time"-Bevorratungskonzepten waren hohe Stabilität und Planbarkeit zentrale, vielleicht allzu selbstverständliche, Voraussetzungen. Diese sind in der VUCA-Welt für viele nicht mehr ausreichend gegeben. Entsprechende Risiken können – optimalerweise maßvoll – durch Erhöhung von Lagerbeständen abgefangen werden. Letztere führt zu Lieferfähigkeit, welche wiederum stabile Versorgung und schnelle Verfügbarkeit (mithin Robustheit und Agilität) für das ganze Unternehmen ermöglicht.

Gerade die letzte Maßnahme zeigt dabei die Zusammenhänge im Supply-Chain-Denken auf: Eine gemeinsame Maßnahme von Logistik und Einkauf zur Sicherung

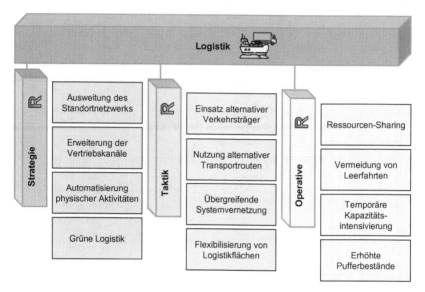

**Abb. 4.5**  Logistikmaßnahmen zur Resilienzsteigerung

der Produktion. Vor diesem Hintergrund machten die vorangegangenen Maßnahmenvorschläge (siehe zusammenfassend Abb. 4.5) deutlich, welche Bedeutung logistische Aktivitäten in der (unternehmensübergreifenden) Wertschöpfung haben: umfassende Erfahrung mit pragmatischen Lösungen (=Agilität) und eine für die Leistungserbringung unerlässliche Stabilität (=Robustheit).

So kann nach Vorstellung zahlreicher potentieller Maßnahmen zur Resilienzsteigerung in den wesentlichen Supply-Chain-Funktionen gemäß des Triple-R-Modells gefolgt werden: Eine Verzahnung und Abwägung der Aktivitäten muss übergreifend koordiniert werden. Ein Vorgehensvorschlag hierzu wird im folgenden Abschnitt formuliert.

## 4.5    Konsolidierende Umsetzung „Triple R-Supply-Chain"

Die vorangegangenen Abschnitte behandelten zahlreiche Handlungsmöglichkeiten für Supply Chain Manager zur Steigerung der Resilienz aus funktionaler, zeitlich differenzierter Perspektive. Eine Priorisierung der Maßnahmen wurde allerdings bewusst vermieden. Diese ist unternehmensindividuell vorzunehmen. Dabei ist Resilienz kein Selbstzweck, sondern dient letztendlich als Wert zur Sicherung oder Steigerung nachhaltiger Profitabilität. Auf Basis der zwei Kernwerte der Resilienz muss eine Abwägung stattfinden, in der Aufwände zur Steigerung der *Robustheit* den Chancen und Risiken der *Agilität* gegenübergestellt werden. So bietet sich ein Vorgehen mit Anleihen aus dem strategischen Management an (Kleemann & Glas, 2020, allgemeiner Kaplan & Norton, 2009):

1. Ableitung der Ziele einer Resilienz-Initiative
2. Analyse und Bewertung des Handlungsbedarfs
3. Formulierung von Strategie und Maßnahmen

**Ableitung der Resilienz-Ziele**
Die Ziele zur Steigerung der Lieferketten-Resilienz leiten sich dabei aus einigen Rahmenparametern ab (Diederichs, 2017). Zunächst einmal geben die **Unternehmensziele** Hinweise darauf, inwieweit Aspekte wie Sicherung, Stabilisierung oder Tradition überwiegen (=Robustheit) oder solche wie Dynamik, Wachstum und Innovation, die eher der Agilität Vorrang geben. Eventuell sind Resilienz oder Nachhaltigkeit explizit benannt und dienen als Bezugspunkt zur Verankerung einer Resilienz-Strategie.

Auch die Einschätzung der in einem Unternehmen (oder der Lieferkette) herrschende **Kultur** – ob nun eher risikoaffin oder -avers – hilft, eine grundlegende Priorisierung vorzunehmen. So dürfte in Startup-Firmen typischerweise Agilität höher priorisiert werden als in Konzernen. Doch auch zwischen Großunternehmen gibt es sicher Unterschiede. In diesem Zusammenhang sollte die Bedeutung von Nachhaltigkeit im unternehmerischen Handeln ebenfalls spezifisch bewertet werden. Es geht hier jedoch nicht um ein „entweder/ oder", sondern um eine Tendenz für die Schwerpunktsetzung im Rahmen der resilienzsteigernden Maßnahmen. Langfristig bedingt Resilienz ja immer ein Ausbalancieren der beiden Kernwerte (Biedermann, 2018).

Zu den Rahmenparametern gehört zuletzt noch der Aspekt der zur Verfügung stehenden **Ressourcen.** Um die Resilienz zu steigern, sind typischerweise zahlreiche Aktivitäten erforderlich. Die hierfür benötigten Ressourcen – z. B. Personalaufwand, neue Prozesse oder Systeme – setzen den Rahmen für jede Resilienz-Initiative. Insbesondere ist eine Rückkopplung mit den Unternehmenszielen erforderlich, um später die Priorisierung von Maßnahmen über die entsprechende Abwägung von Nutzen (=Zielen) und Kosten (=Ressourcen) zu erleichtern (Zitzmann, 2018).

**Erarbeitung des Handlungsbedarfs**

In welchem Umfang ein solches Abwägen erforderlich ist, hängt dann von der spezifischen **Analyse** ab. In Kap. 3 wurden zahlreiche Supply-Chain-Risiken dargestellt, wenn auch ohne Anspruch auf Vollständigkeit. So bleibt im zweiten Schritt jeder Resilienz-Initiative, eine unternehmensbezogene Betrachtung möglicher Umwelt- und Markteinflüsse durchzuführen (Roll, 2004, ausführlicher Wu & Blackhurst, 2009). Gängige Methoden hierfür sind z. B. die PESTLE-Analyse als Strukturrahmen zur Suche nach politischen, volkswirtschaftlichen, gesellschaftlichen, technologischen sowie rechtlichen und ökonomischen Einflussgrößen, die eine Relevanz für das Unternehmen (bzw. die betrachtete Supply Chain) haben. Zusätzlich kann auf „fertige" Risikoanalysen wie die des Weltwirtschaftsforums in Davos („WEF Risk Report") oder spezielle Informationstools zurückgegriffen werden. Wichtig ist, „ausgetretene Pfade" zu verlassen und lieber zunächst eine höhere Anzahl möglicher „VUCA"-Einflussgrößen zuzulassen, als die Risikoidentifikation allzu zügig abzuschließen. Gerade bei einer Supply-Chain-Perspektive kann es Implikationen geben, die sich nur für eine der Teilfunktionen unmittelbar zeigen (z. B. Beschaffungslogistik), während sie andere Bereiche (Produktion, Distributionslogistik) nicht oder deutlich verzögert zeigen (Lehmacher, 2015). Als Beispiel seien u. a. die Engpässe bei Seefrachten im Zuge der Corona-Pandemie genannt.

Erst im zweiten Schritt der Analyse geht es darum, eine **Bewertung** der Einflussgrößen und Risiken vorzunehmen. Hier hält die Risikomanagement-Forschung etablierte Arbeitshilfen bereit wie z. B. die Risikomatrix (Strohmeier, 2007). Diese stellt die Eintrittswahrscheinlichkeit eines Ereignisses den möglichen Auswirkungen gegenüber. Eine Adaption hiervon kann dann genutzt werden, um „VUCA"-Folgen für die Supply Chain zu bewerten. Kritiker solcher Betrachtungen führen oft hohe Aufwände, Subjektivität und die schwierige Abgrenzung ins Feld. Dem ist zu entgegnen, dass jede Art von *Management* möglichst faktenbasierte Entscheidungen treffen sollte – selbst wenn die Entscheidungsbasis nicht vollständig oder deren Zustandekommen nicht durchgängig wissenschaftlichen Kriterien standhält. So ist eine im Workshop mit Schlüssellieferanten erstellte Risikomatrix sicher wertvoller, als lediglich auf das Eintreten immer neuer Krisen zu warten, die dann mittels Notfallmaßnahmen zu lindern versucht werden. Resilienz bedeutet, sich auf mögliche Störeinflüsse besser vorzubereiten und diese besser abzufangen – mit einem „können wir eh nicht ändern" ist dies ebenso wenig zu erreichen wie mit einem „das müssen wir bis auf die letzte Nachkommastelle exakt bewerten" (Diederichs, 2017).

**Strategie- und Maßnahmenerarbeitung**

Ähnlicher Pragmatismus ist bei der Ausgestaltung der Resilienz-Initiative emp-
fehlenswert. Gemäß Bewertung hoch priorisierte Auswirkungen (hohe Eintrittswahrscheinlichkeit bei hohen Eintrittsfolgen) sollten bei der Entwicklung möglicher
**Gegenmaßnahmen** zu Anfang stehen. In den Abschnitten 4.2–4.4 wurde bereits ein
solcher **Maßnahmenpool** entwickelt. Zur Steigerung der Supply-Chain-Resilienz
ist dabei erforderlich, nicht nur Aufwand und Nutzen der Maßnahmen unternehmensindividuell zu bewerten. Der Bifokalität zwischen Agilität und Robustheit
folgend, ist zudem der Wirkungshorizont der Maßnahmen zu prüfen. Handelt es
sich um eine Maßnahme, die langfristig wirksam wird – oder eine solche, die bei
Bedarf kurzfristig aktivierbar ist? Der in Phase 1 entwickelte Zielrahmen dient hier
als Orientierung bzw. Maßstab, welche **Prioritäten** zu setzen sind (Borgert, 2013).
Weiterhin sollte solchen Initiativen Vorzug gegeben werden, die Synergien und
Kongruenzen zwischen den Supply Chain-Funktionen erwarten lassen, gegenüber
solchen, die lediglich eine Funktion berühren oder gar zu Zielkonflikten führen. Das
Vorgehen zur Umsetzung des Triple R-Modells fasst Abb. 4.6 zusammen.

Das in diesem Kapitel entwickelte Triple R-Supply-Chain-Konzept ermöglicht
eine zeitlich wie funktional differenzierte Betrachtung von Lieferketten, um eine
ausgewogene Berücksichtigung der Resilienzbestandteile „Agilität" und „Robustheit" herzustellen. Das Modell zeigt dabei außerdem erhebliche Synergien zwischen

- Unternehmensziele
- Risikobasis
- Risikomanagement-Ziele
→ Resilienz-Sensibilität

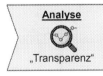

- Umfeldanalyse
- Marktanalysen
- Risikomap
→ Resilienz-Bedarf

- Risikobewertung
- Maßnahmenpool
- Priorisierung und Umsetzungsplanung
→ Resilienz-Initiative

**Abb. 4.6**  Umsetzung des Triple R-Supply-Chain-Modells

verschiedenen VUCA-Phänomenen sowie gleichzeitig zwischen den Supply-Chain-Teilfunktionen auf. Zudem wurde ein Vorgehen zur Umsetzung des Modells beschrieben, das die Kernprinzipien von Resilienz mit etablierten Management-Ansätzen verbindet, um die erforderliche unternehmensspezifische Auslegung jeder Resilienz-Initiative zu realisieren.

**Übersicht**

- Triple R-Modell als strukturierte Herangehensweise einer Maßnahmenentwicklung zur Steigerung der Resilienz innerhalb von Supply Chains
- Gestaltung von Einkaufs-, Produktions- und Logistikmaßnahmen in langfristig-strategischem, mittelfristig-taktischem oder gar kurzfristig-operativem Rahmen möglich
- Abwägung und Auswahl der Maßnahmen im Hinblick auf funktionale Integration und zeitlichem Wirkhorizont hin, priorisiert an resilienzbezogenen Unternehmenszielen und -kultur

# Schlussbetrachtung: Krisenfeste Lieferketten

**5**

## 5.1 Zusammenfassende Betrachtung

Ziel dieses *Essentials* war es, die Bedeutung einer zunehmend komplexeren Unternehmensumwelt und daraus entstehende Herausforderungen für das Supply Chain Management mit seinen zentralen Teilfunktionen Einkauf, Produktion und Logistik zu beleuchten.

Als wesentlicher Erfolgsfaktor in dem als „VUCA-Welt" bezeichneten Umfeld wurde die Resilienz von Lieferketten identifiziert (Kap. 1). Nach einer Definition der Kernbegriffe und -konzepte (Resilienz, Nachhaltigkeit, Supply Chain Management samt SCOR-Modell) wurde in Kap. 2 die Grundidee und Vorteile eines resilienten SCM erarbeitet. Resilienz wurde dabei als Widerstandsfähigkeit herausgearbeitet, die durch eine Kombination von Agilität und Robustheit erreicht wird (Abb. 5.1). Um den spezifischen Handlungsbedarf darzustellen, wurden im anschließenden Kap. 3 mit dem Klimawandel, dem Brexit sowie der Corona-Krise drei exemplarische Disruptionen sowie deren Auswirkungen auf weltweite Lieferketten und deren Teilfunktionen skizziert. So konnte aufgezeigt werden, dass in einer VUCA-Welt Herausforderungen auch zeitlich gestaffelt auftreten können. Daraus wurde abgeleitet, dass eine resilienzorientierte Gegenstrategie für das SCM entsprechend operativ-kurzfristige, taktisch-mittelfristige und strategisch-langfristige Maßnahmen enthalten sollte. In Kap. 4 wurde darauf aufbauend das „Triple R-Supply-Chain-Modell" vorgestellt sowie dessen Anwendung skizziert. Zudem wurde eine nach Zeithorizont und Funktion differenzierte Auswahl von Lösungsmaßnahmen für ein „VUCA SCM" präsentiert.

F. C. Kleemann und R. Frühbeis, *Resiliente Lieferketten in der VUCA-Welt*, essentials, https://doi.org/10.1007/978-3-658-34337-8_5

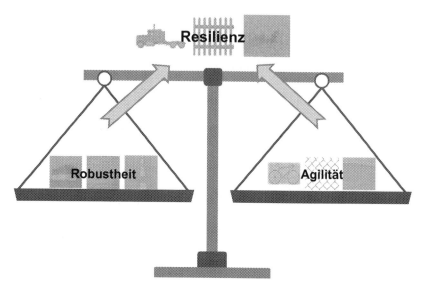

**Abb. 5.1**   Abwägung von Agilität und Robustheit zur Resilienzsteigerung

## 5.2   Handlungsempfehlungen und Ausblick

„Prognosen sind schwierig, vor allem wenn sie die Zukunft betreffen" – dieses
bekannte Zitat könnte leicht als Kritik an einer verstärkten Resilienz (in Supply
Chains) interpretiert werden.[1] Wer weiß schon, was die Zukunft bringt und welche
Krisen und Herausforderungen auf Lieferketten, Unternehmen (und MitarbeiterInnen) warten? Resilienz kann solche Situationen in der Tat nicht vorhersagen. Aber
bessere Prognosefähigkeiten und ein professionelles Risikomanagement könnten
durchaus passende Maßnahmen zu deren Steigerung sein.

Es gibt jedoch nicht die „perfekte" Maßnahme. Vielmehr gilt es, einen
Mix möglicher Ansätze zu bilden – in den bereits vielfach hervorgehobenen,
unterschiedlichen Zeithorizonten sowie über die SCM-Kernfunktionen hinweg
verzahnt. Dieser „Mix" sollte zudem auf das anwendende Unternehmen abge-
stimmt sein. Die zweifellos zur Steigerung der Resilienz entstehenden Aufwände
sollten immer gegenüber dem erwarteten Nutzen abgewogen werden.

---

[1] Der hier fehlende Quellenverweis lässt sich dadurch erklären, dass das Zitat wahlweise Niels
Bohr, Winston Churchill, Mark Twain oder Karl Valentin zugeordnet wird.

Das vorgestellte „Triple R-Supply-Chain-Modell" soll einen Beitrag leisten, fokussiert Maßnahmen in den Supply-Chain-Funktionsbereichen zu entwickeln und diese aufeinander abzustimmen. Das wesentliche Umdenken im Kontext von Resilienz geht dahin, mit proaktivem Handeln möglichen bzw. erwarteten Problemen schnell zu begegnen. Dies soll die Auswirkungen abfedern und eine zügige Rückkehr in den „optimierten" Ausgangszustand ermöglichen. Oft genügt hierzu schon eine Planung möglicher Gegenmaßnahmen, ohne dass diese vorab bereits umzusetzen wären.

Die aktuellen globalen Entwicklungen lassen nicht erwarten, dass die zu beherrschende Managementkomplexität in absehbarer Zukunft wahrnehmbar sinken wird – eher das Gegenteil. Aber selbst wenn nicht alle möglichen Szenarien und Entwicklungen einer VUCA-Welt vorhergesehen werden können – diesen Anspruch erhebt weder das Modell, noch dürfte er für Unternehmen realistisch sein: Diejenigen Unternehmen (bzw. Wertschöpfungsketten), die mittels eines fokussierten, ausgewogenen und abgestimmten Resilienzkonzepts zumindest auf ähnliche Situationen wie gerade eintretende vorbereitet sind, werden mit hoher Wahrscheinlichkeit mittel- bis langfristig, demnach nachhaltig, erfolgreicher sein (Carvalho et al., 2012). Sie reagieren schneller und auf Basis robusterer Planungen als ihre Wettbewerber. Oder, frei nach dem Management-Forscher Lester Thurow: „A VUCA world has two possibilities for you: You can lose. Or, if you want to win, you change towards *resiliency*."

# Was Sie aus diesem *essential* mitnehmen können

- Nach Kernwertschöpfungsfunktionen und Planungshorizonten gegliederte, umsetzbare Maßnahmen zur Sicherung der Supply-Chain-Ziele in Krisensituationen
- Steigerung von Resilienz in der Supply Chain durch Verbesserung von Prognosefähigkeiten und professionelles Risikomanagement

# Literatur

Biedermann, L. (2018). *Supply Chain Resilienz*. Springer.

Böhnke, N.-C., Pointner, A., & Ramsauer, C. (2017). Supply-Chain-Strategien im Zeitalter von VUCA. *Zeitschrift Für Wirtschaftlichen Fabrikbetrieb, 112*(9), 555–558.

Borgert, S. (2013). *Resilienz im Projektmanagement*. Springer.

Buckel, C. (2021). Gemeinsam soziale Komplexität erforschen. *Zeitschrift Für Psychodrama Und Soziometrie, 20*(1), 7–20.

Bundesministerium für Wirtschaft und Energie. (2021). *Brexit: Die Europäische Kommission und das Vereinigte Königreich haben sich geeinigt - Was bedeutet das?* www.bmwi.de/Redaktion/DE/Artikel/Europa/brexit.html

Carvalho, H., Azevedo, S. G., & Cruz-Machado, V. (2012). Agile and resilient approaches to supply chain management. *Logistics Research, 4*(1), 49–62.

Diederichs, M. (2017). *Risikomanagement und Risikocontrolling*. Vahlen.

Dierig, C. (2020, November 3). *Brexit, Corona, US-Wahl? Klimaschutz-Kosten sind die Angst der Stunde*. www.welt.de/wirtschaft/article219249846/Brexit-Corona-US-Wahl-Klimaschutz-Kosten-sind-die-Angst-der-Stunde.html

Engel, H., & Krishnan, M. (2020). *Klimawandel könnte Weltwirtschaft ruinieren*. www.fundresearch.de/klimawandel/klimawandel-koennte-weltwirtschaft-ruinieren.php

Fathi, K. (2019). *Resilienz im Spannungsfeld zwischen Entwicklung und Nachhaltigkeit*. Springer.

Handfield, R. B., Graham, G., & Burns, L. (2020). Corona virus, tariffs, trade wars and supply chain evolutionary design. *International Journal of Operations & Production Management, 40*(10), 1649–1660.

Harttmann, C. (2020, April 24). *Coronavirus: Die Logistik bewältigt Herausforderungen*. www.transport-online.de/news/coronavirus-die-logistik-bewaeltigt-herausforderungen-30240.html

von Hauff, M. (2014). *Nachhaltige Entwicklung*. Walter de Gruyter.

Hobbs, J. E. (2020). Food supply chains during the COVID-19 pandemic. *Canadian Journal of Agricultural Economics, 68*(2), 171–176.

Hofmann, F. (2021, Februar 9). *Wie die französische Hafenstadt Cherbourg vom Brexit profitiert*. www.tagesschau.de/wirtschaft/weltwirtschaft/cherbourg-brexit-gewinner-101.html

Huan, S. H., Sheoran, S. K., & Wang, G. (2004). A review and analysis of supply chain operations reference (SCOR) model. *Supply Chain Management: an International Journal, 9*(1), 23–29.

Hutchins, G. (2018). *Supply chain risk management.* Certified Enterprise Risk Manager Academy.

Ivanov, D. (2020). Predicting the impacts of epidemic outbreaks on global supply chains. *Transportation Research Part E: Logistics and Transportation Review, 136,* 101922.

Ivanov, D., & Dolgui, A. (2020). Viability of intertwined supply networks. *International Journal of Production Research, 58*(10), 2904–2915.

Jüttner, U., & Maklan, S. (2011). Supply chain resilience in the global financial crisis. *Supply Chain Management: an International Journal, 16*(4), 246–259.

Kaplan, R. S., & Norton, D. P. (2009). *Der effektive Strategieprozess.* Campus.

Karrer, M. (2006). *Supply chain performance management.* Springer.

Kleemann, F. C. (2017). *Logistik in der Antarktis.* Gabler.

Kleemann, F. C., & Frühbeis, R. (2021, März 29). *Quellverzeichnis RSCM.* www.fckleemann. de/forschung/rscm

Kleemann, F. C., & Glas, A. H. (2020). *Einkauf 4.0.* Springer.

Lehmacher, W. (2015). *Globale supply chain.* Springer.

Lühr, O., Kramer, J.-P., & Lambert, J. (2014). *Analyse spezifischer Risiken des Klimawandels und Erarbeitung von Handlungsempfehlungen für exponierte industrielle Produktion in Deutschland (KLIMACHECK).* Bundesministerium für Wirtschaft und Energie.

Mack, O., Khare, A., Kramer, A., & Burgartz, T. (Hrsg.). (2016). *Managing in a VUCA world.* Springer.

Meitinger, T. (2020, März 24). *Prognose: Klimawandel, Proteste und Corona dominieren Lieferketten 2020.* www.logistik-heute.de/news/prognose-klimawandel-proteste-und-corona-dominieren-lieferketten-2020-30164.html

Mentzer, J. T., DeWitt, W., Keebler, J. S., Min, S., Nix, N. W., Smith, C. D., & Zacharia, Z. G. (2001). Defining supply chain management. *Journal of Business Logistics, 22*(2), 1–25.

Nag, B., Han, C., & Yao, D. (2014). Mapping supply chain strategy. *Journal of Manufacturing Technology Management, 25*(3), 351–370.

Naumann, F., & Schmid, A. (2020, April 7). *Corona-Krise: Virusgefahr vor Ostern im Supermarkt? Klöckner appelliert an die Deutschen.* www.merkur.de/wirtschaft/corona-lebensmittelengpaesse-deutschland-supermaerkte-aldi-rewe-lidl-hamsterkaeufe-kloeckner-ostern-zr-13615501.html

Rao, S., & Goldsby, T. J. (2009). Supply chain risks: A review and typology. *The International Journal of Logistics Management, 20*(1), 97–123.

Repenning, N. P., & Sterman, J. D. (2001). Nobody ever gets credit for fixing problems that never happened. *California Management Review, 43*(4), 64–88.

Ritz, F., Kleindienst, C., Koch, J., & Brüngger, J. (2016). Entwicklung einer auf Resilienz ausgerichteten Organisationskultur. *Gruppe. Interaktion. Organisation. Zeitschrift für Angewandte Organisationspsychologie (GIO), 47*(2), 151–158.

Roll, M. (2004). *Strategische Frühaufklärung.* Springer.

Rupprecht, M. (2020). *Wirtschaft am Scheideweg.* Kohlhammer.

Schlautmann, C. (2020, März 31). *Warenbelieferung: Die Coronakrise macht Lieferketten zu Lieferpuzzles.* www.handelsblatt.com/unternehmen/handel-konsumgueter/warenbelieferung-die-coronakrise-macht-lieferketten-zu-lieferpuzzles/25697148.html

Sheffi, Y., & Rice, J. B., Jr. (2005). A supply chain view ofthe resilient enterprise. *MIT Sloan Management Review, 1*, 41–48.

Staud, T. (2017, Januar 23). *Klimabewusstsein der Öffentlichkeit: Was die Politik zum Thema macht, zählt.* www.klimafakten.de/meldung/klimabewusstsein-der-oeffentlichk eit-was-die-politik-zum-thema-macht-zaehlt

Sthapit, A. (2020). The VUCA world: What management is for? *Journal of Business and Social Sciences Research, 5*(1).

Stošić-Mihajlović, L., & Trajković, S. (2020). The importance of logistics and supply chains for pandemia conditions. *Journal of Process Management. New Technologies, 8*, 53–59.

Strohmeier, G. (2007). *Ganzheitliches Risikomanagement in Industriebetrieben.* Springer.

Thun-Hohenstein, L., Lampert, K., & Altendorfer-Kling, U. (2020). Resilienz – Geschichte, Modelle und Anwendung. *Zeitschrift Für Psychodrama Und Soziometrie, 19*(1), 7–20.

Waters, D. (2011). *Supply chain risk management.* Kogan Page.

Wu, T., & Blackhurst, J. V. (2009). *Managing supply chain risk and vulnerability.* Springer.

Zitzmann, I. (2018). *Supply Chain-Flexibilität zur Bewältigung von Unsicherheiten.* University of Bamberg Press.

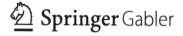

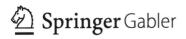

Printed in the United States
by Baker & Taylor Publisher Services